自分の中の「成功スイッチ」の
つくりかた

うまくいく思考

門屋琴音

株式会社MAVEL
（Macbee Planetグループ）
執行役員

ダイヤモンド社

はじめに

『うまくいく思考』――こんなタイトルがつけられた本書を読んでいるあなたは、今現在、物事がうまくいかなくて悩んでいる人でしょうか？

もしかすると、「なんとなく手に取ってみた」という人もいるかもしれませんが、いずれにせよ、たくさんの本が並ぶ中でこの本を選んでくださり、ありがとうございます。

「うまくいく」って、とても魅力的な言葉ですよね。

特に仕事では、できるかぎり失敗したくないし、怒られたりしたくない。

苦しいことや辛いことは、経験したくない。

「こうすればうまくいく」という方法がわかっていればいいのですが、残念ながらそんなことは誰にもわかりません。

そもそも「うまくいく」というのは、とても漠然としている言葉だと思います。人それぞれ「うまくいく」というゴールは違いますし、必要なスキルや工程も異なります。

けれど、この本でお伝えするのは、そんな漠然とした「うまくいく」という能力を、ビジネスの場で身につける方法です。

ここで、私の自己紹介をさせてください。

私は今、株式会社 Macbee Planet のグループ企業である株式会社MAVELの執行役員とコンサルティング営業を兼任しています。MAVELは、インターネット広告の中でも成果報酬型市場において、新規獲得領域を強みとした広告代理サービスを提供していますが、私は単に自社のサービスを売るだけではなく、クライアントのその後の運用までをサポートするのが仕事です。

この会社に入って9年になりますが、最高の年間売り上げは、配下のチームを合わせて130億円で、社内のMVPとして殿堂入りしています。

もともとインターネット広告業界にいたわけではなく、ゼロからのスタートでした。極度の人見知りなので人と話すのは苦手なのですが、なぜ、それでもチームとして年間130億円を売り上げることができたのか？　その要因は、私の中の「成功スイッチ」にあります。

ビジネスの場では日々、さまざまな壁に直面するものですが、それでも「うまくいく」ようにできる。これが私の唯一、かつ最大の強みで、私はそのつど、この「成功スイッチ」をオンにして、物事をうまくいくように動かしているのです。

この「スイッチ」とは、いわば「思考を切り替えるスイッチ」です。ものの見方を少し切り替えるだけで、仕事のパフォーマンスも人間関係も、びっくりするくらい変わるのです。

「成功スイッチ」は、そんなに特別なものではありません。その気になれば誰でもつくることができます。そこで本書では、私の経験から「うまくいく思考」のポイント――「物事を成功に導く思考の切り替えスイッチのつくりかた」について、一つひとつお伝えしたいと思います。

本書によって、何かしらの悩みや課題を抱えている皆さんが「うまくいく」ためのヒントを得られたのであれば、とてもうれしく思います。

目次

第2章 こう行動すればうまくいく——行動編

第3章 こう付き合えばうまくいく―人間関係編

第4章 こう会話すればうまくいく―会話術編

第1章

こう考えれば うまくいく

基本の思考編

スイッチ
1

「大切にすべき相手は誰なのか」を常に考える

私たちはビジネスの場で、クライアントだったり外注先だったり社内の人だったりと、たくさんの人と関わっています。

その中で、あなたにとって**「仕事をするうえで最も大切にすべき相手」**は誰でしょうか？

私の場合、すぐに思い浮かぶのは、クライアントの担当者さんです。

それにもとづくと、私の行動指針はとてもシンプル。**「担当者さんに喜んでもらう＝ヒロイン（ヒーロー）になってもらう」**、**そのためにひたすら考え**

て動きます。

もちろん大前提として、クライアントである企業さんの意向が最重要ですし、できることなら仕事で関わる人たち全員をヒロイン（ヒーロー）にしたいところです。でも正直な話、人には相性もありますから、すべての人を好きになれるわけではありません。

極端な話、日々の仕事のうえでは、担当者さん以外のメンバーに多少嫌われたからといって、私にとってさほど問題はありません。

すべての人にいい顔をしようとして、本当に大切にすべき担当者さんに負担をかけてしまうのは、何よりも避けたい。私はそんなふうに考えています。

私のクライアントで、たびたび上司から明らかに理不尽な叱責を受けていた担当者さんがいました。ある日のオンライン定例会で、その担当者さんへの叱責がはじまり、私は思わずフォローに入ったことがあります。

実際、私はその件に関係していなかったのですが、とっさに「申し訳ありません。それは私が自分の判断でやってしまったことです」と発言すると、叱責の矛先が私になりました。

定例会後、担当者さんから「大丈夫でしたか？　先ほどはありがとうございました！」と電話がきたので、私は「まったく問題ないです！　そういうことは全然気にしていませんので！」と答えました。理不尽な内容であったのですべて受け流しており、決して強がりではなく精神的なダメージはゼロだったからです。

もちろん、叱責されても仕方ない状況もありますから、そのときはものすごく反省します。しかしこの場合は、担当者さんが理不尽な叱責のストレスから逃れることができ、私は大好きな担当者さんが理不尽に叱責される様子を見るストレスから逃れられる、ということで一挙両得です。

そのおかげでお互いに、本来やるべき仕事に集中することもできました。

ビジネスにおいては「一番大切にすべき相手は誰か」というのを見誤った

り見失ったりしてしまう人が多いように思います。クライアントのためを思っていても、会社というよりは上司の顔色をうかがってしまうこともあるのではないでしょうか。

しかし、最も大切なのはクライアントの担当者さん。たとえどんなことがあっても、大切な存在である担当者さんに負担をかけてしまうことは避けたいと思っていますし、こう考えればどう動くべきかが自然と見えてくるのです。

スイッチ

2

目先の利益にとらわれず、長い目で見て行動する

日々の仕事に追われていると、ついつい直近の目標や目先の利益にとらわれがちです。

そうならないために重要なのは、常に意識的に先を見通すこと、地に足をつけて長い目で見た利益を考えるようにすることです。

営業でいえば、一時的に大きな数字を上げることができればインパクトは大きいですが、そこから数字が先細りすればどうなるでしょうか。

パワーダウンしていく様子に期待を持てなくなり、クライアントとの関係

が途切れる可能性もあります。すると結果的にトータルの利益が少なくなってしまいます。

そうならないためにも大切なことは、とにかく「長い目で見た利益」を重視して長いお付き合いをすること。目の前にある目標を追いかけながらも、常に先々のことも見据えて仕事に取り組んでいくことです。

長きにわたるお付き合いをしていきたいからこそ、相手に対して「私と一緒に歩んでいる未来」をイメージできるような声かけをすることもあります。「来年の今頃は、一緒にこんな結果を出せるといいですね」というように、私とタッグを組んでいるからこそ実現できる希望ある未来を、具体的に共有しておくのです。

そうすることで相手には「先々のことまで見据えて貢献したい」という意志を示すことができます。私との関係が切れると、そうして共有した希望ある未来も実現できなくなってしまうわけですから、相手は自然と、私との長いお付き合いを望むようになってくれます。

ただし、お付き合いは長く継続できればそれでいいというものではありません。細く長く続けていくのではなく、徐々に太くしていく必要があります。**時間とともに信頼度が増して、最終的には「太く長く」のお付き合いになることがゴールです。**

私はこれまでに失注をしたことがなく、すべてのクライアントと取引を継続しています。

それは「長い目で見た太く長い付き合い」を目指しながら、「この担当者さんと一生一緒にやっていこう」というくらい関係を濃くしてきた結果だと考えています。

以前、あるクライアントがとてつもなく大きな目標を掲げ、その達成を公に宣言したことがありました。その宣言を受け、私たちを含む複数の代理店に、とても高い目標が課せられました。

そのあまりの厳しさに、未達になる代理店も続出したのですが、私たちはなんとか目標を達成。しかし、それでもクライアントは、自らが宣言した目標に到達できそうにありませんでした。

そこで私は、とにかくクライアントに負担をかけない策をあれこれ考えました。結果、クライアントが負担を負うのではなく、私たちが負うことで、クライアントの目標達成に向けて動こうと決めたのです。

この策は、短期的に見れば、会社にとってマイナス面が大きかったかもしれません。実際に社内では最初、なかなかＯＫが出ませんでした。けれど一時的な損害よりも、そのクライアントとの関係における中長期的なメリットを合理的に説明することで社内の承認を得、この行動に出ることができました。

長い目で見れば必ず、このときの行動が莫大な利益を生むことになる。それがわかっていたからこそ、できたことだといえます。

現に、**この目標を達成したことでクライアントの利益はますます膨らみ、**

それに伴って長く歩みをともにする私たちの利益も大きくなっています。

とはいえ私の提案は、一時的ではあるものの会社に大赤字をもたらしました。しかし、その提案には迷いも後悔もありません。上司に提出する報告書には「結果として想定通りに成果を創出できており、会社として合理的な判断をしていただき、ありがとうございます」と明記しました。

部下や外注先など、他者に無駄な工数が発生して負担をかけるのは避けなければなりませんが、**自分の工数を少し割くことで担当者が喜んでくれるなら、それが利益につながらなくてもやろう。**私はそのように考えています。

たとえば、サロン事業だと数億円の予算があるのに、コスメ事業だと予算が20万円くらいしかなく、でもお付き合い案件として請けなければならない場合。獲得できすぎても困ってしまうし、手数料が仮に10%だとしたら頑張って施策を調整し、予算を最大に使っても2万円の利益にしかならないから、どう考えてもタイパが悪い……。

そのような案件でも、掲載料も成果報酬も不要、完全無料で掲載ができる枠やサイトを見つけたときにはミーティングを開き、「弊社を経由すると、手数料をいただかざるを得ないのですが、御社がこのＵＲＬから直接申し込めば無料で掲出できます。どうでしょうか？」とご紹介することもありました。

すると、予算の有無にかかわらず、何かあったらまずご連絡をいただけるようになり、とてもうれしかったです。その担当者さんが脱毛事業に異動してきた際には、とてもよくしていただきました。

スイッチ

3

勝率を1%でも確実に高めるために、石橋を叩き続ける

高い目標を達成するために必要なもの、それは石橋を叩いて渡る慎重さです。

アグレッシブに突き進む大胆な人が、奇跡的な好結果を叩き出すこともあるでしょう。しかし、常に目標をクリアできるだけの安定感があるとはいえません。

悲観的な思考であらゆるパターンを想定し、綿密な対策を練れる慎重な人のほうが、着実に結果を出せる、と私は思います。

慎重派である私は、進行中の案件それぞれで複数の施策を並行させています。単独の施策に依存せずリスクを分散させることで目標達成率を高めているわけで、いわば「分散投資」的な考えかたです。

たとえば、成功率１００％と想定される施策が一つあったとします。その施策一つだけで勝負をすれば、万が一トラブルがあったときには、目標をクリアできません。しかし、常に複数の施策に取り組んでおけば、たとえ一つの施策がダメになっても、他の施策でリカバリーできる可能性が高まります。

このようにして少しでも確実に目標を達成できるようにしています。

すごく単純な計算で説明しましょう。たとえば成功率15％の施策①と、成功率30％の施策②、成功率40％の施策③、成功率65％の施策④――これだけの施策を同時に走らせておけば、どれか一つくらいは当たるのではないでしょうか。

たとえ失敗する施策があったとしても、すべて失敗する可能性は低くなりますよね。結果、目標達成の確度を上げられるわけです。

広告の世界の流行は変化が激しく、常に勉強をしながらトライ&エラーを繰り返していかなければなりません。どんな結果が出るのかは、精緻には誰にもわからない世界です。

だからこそ、**石橋を叩くような慎重さを発揮してリスクを分散させ、確実に勝てるような状況をつくり上げることが求められます。**

リスクの分散については、さまざまな方法があります。私の場合は、クライアントのジャンルを分散させることで多様なクライアントを担当するだけではなく、外注先も分散させています。

一極集中を防ぐことで、閑散期があったりトラブルがあったりしても、他の部分でカバーしながら常に結果を出していくことができるからです。

そして**最も大切なのは、「成功するまでやめない」ということ。**

勝率を高めるために、というよりも結果的に成功をおさめるために確実な方法は、なんといってもこれしかありません。

どれほどの実力があったとしても、失敗したり負けたりすることはありません。しかし、たとえ失敗してもその次に勝ってゲームを終了すれば、最終的には「勝ち」という結果だけが残ります。大学受験に何度失敗しても、一度合格できれば「合格」という結果だけが残るのと同じですね。

石橋を叩く気持ちで1％でも勝率が上がる方法を考える。失敗しそうになっても、そして、たとえ失敗したとしてもあきらめず、必ず成功で終わらせる。それが私のポリシーなのです。

スイッチ 4
勝率アップのために「運気を上げる努力」をする

こうして私は、勝率を1％でも上げるための努力を怠りません。

できる限りのことをやり尽くして、あとは運に任せることになるわけですが、この「運」にもアプローチをするのが私のやりかたです。

たとえば私は、パワースポット巡りが大好きです。仕事を通して出会った方々や家族などと一緒に、たびたび各地のパワースポットを訪れています。

パワースポット巡りをするようになってからというもの、私はずっと仕事にも人にも恵まれて結果を出し続けることができていますし、私の弟は

「（家族旅行でパワースポット巡りをするようになってから）受注が止まらない」と喜んでいます。

これらの結果はもしかすると、パワースポット巡りとは関係なくもたらされたものかもしれません。しかし私は、それでも一向にかまわないと思っています。

「運を天に任せる」という言葉がありますが、私はその運にさえも全力でアプローチしたい。**少しでも運や勝率が上がる可能性があるのなら、迷わずやっておきたいし、とにかくできることすべてをやり切りたいと考えています。**

同じような努力で、パワースポット巡りの他に、パワー入りの塩を溶かしたお風呂に入るという習慣もあります。

パワー入りの塩とは、あるお寺で清めてパワーを込められたもので、お風呂に入れて使っているのですが、これをはじめてから運気がよくなったように感じています。気のせいかもしれませんが、なんとなく気持ちがすっきりとして、物事がよい方向に進む気がしています。

ときどき、この塩をお風呂に入れ忘れてしまうこともあるのですが、そんな日はどことなく気持ちが落ち着かず、トラブルが起こることもあります。そうなってみて改めて、ささやかなこの入浴習慣が自分の運を左右していることを感じます。

ちなみに私は、塩を入れずに入浴してしまったことに出勤後に気がついて、深く後悔したことがあります。ただし、こんなこともあろうかと常にこの塩を持参していたので、私は迷わず運気のリカバリーを行いました。オフィスでこっそり、頭に塩を振りかけたのです。

直後には定例会がありましたが、オンラインだったのでなんとかなりました。頭からは塩がパラパラと落ちてきましたが、そのおかげで気持ちが落ち着いたのでやってよかったと思っています。

こうして考えてみると、パワースポットやパワー入りの塩は私にとって精神安定剤のような存在なのかもしれません。

「ここまでやったから、きっと大丈夫」――スピリチュアルな存在に頼ることも含めて全力を尽くしたと思えたら、心は安定します。それによって、さらなる幸運を招き寄せることができるのかもしれません。

スイッチ

5

うまくいかないときは、うまくいったときとの差分を考える

「掲げられた目標は必ず達成する」という姿勢でいても、ゴールまでの道のりが険しくてうまくいかず、苦労することもありますよね。というよりむしろ、うまくいかないことばかりではないでしょうか。

そもそも、簡単に達成できる目標なんてありません。しかし、**たとえうまくいかなくても、立ち止まっている暇はなく、とにかく考えて行動することでその壁を突破すること——そのほうが時間を無駄にしない、はるかに効率的な選択だと思います。**

「うまくいかない」と思ったとき、まず私が考えるのは「うまくいったとき」との差分です。つまり、**似たような状況で「うまくいったとき」のことを思い出し、そのときと何が違うのかを分析してみる**のです。

両者のさまざまな要素を細かく比較して「あのときはなぜうまくいったのか」を見つめ直していくと、改善すべきポイントが見えてきます。

たとえば、過去にうまくいったキャンペーンの名称は「申し込みたい」という気持ちを刺激していたのに対し、今取り組んでいるキャンペーンの名称は印象が薄くて効果が弱いものだとしましょう。

それに気がつけば、次にとるべき行動は、キャンペーン名を変えることだと考えられます。名称を変えても状況が変わらなければ、名称以外の点において「うまくいったときとは違うこと」を探し出し、改善すればいいのです。

想像してみてください。ある金融機関が「バレンタインキャンペーン」と称して新しい投資商品を売っていたとしても、ユーザーからすれば「バレンタインだからこの商品がお得なんだ」という納得感はありませんよね。そうするとそのキャンペーンの必要性が感じられず、利用するモチベーションも上がらないと思います。

他ジャンルのクライアントの事例にはなりますが、過去に成功したキャンペーンの名称は、「○周年記念キャンペーン」でした。この名称であれば、「サービスを開始してから○周年という節目だから、超特別なキャンペーンをやっているんだ」「そんなに長い間このサービスは多くの人から利用され、愛されているんだ」「かなり希少なチャンスなんだ」と、お得さに大義名分が立ち、キャンペーンの理由に納得して利用したい気持ちになれるでしょう。うまくいったケースには、それだけの理由があるというわけです。

この例から学びを得て、当初予定していたキャンペーン名を変えることで効果が劇的に改善されたケースもあります。

このようにして「うまくいかないとき」と「うまくいったとき」の差分を蓄積していけば、仕事をしていくうえでの大切な財産になります。

その意味では、**成功事例だけでなく失敗事例も役に立つ、**といえます。特に施策の提案を行うときは、成功事例ではなく失敗事例を参考にすることで、スムーズに進む可能性が高くなります。

何もないところから新たなアイデアを生むのは困難ですし、成功事例に倣うとその事例を意識した二番煎じになりやすいのですが、失敗事例を参考にして策を練ればそうはなりません。

「失敗事例を避ける」という発想法で生み出されるのは、リスクを回避しつつもその時々の発想と結びついた新しいアイデアです。

私が意識的に実践しているのは、過去の失敗事例をベースにして少し角度を変え、成功につながる形につくりかえること。実は、そうして生まれたアイデアは、ゼロから生み出したものよりもずっと成功率が高いのです。

スイッチ

6

具体的な「誰か」が、目標達成の原動力になる

今の私の場合、掲げられた目標が未達で終わることはほとんどありません。どんなに難しい状況でもあきらめず、知人に協力を依頼したり知恵を絞ったりするなど、最後まで尽力することで、結果的に多くの目標をクリアすることができました。

こんなふうに目標に向き合えるようになったのは、私が入社後すぐに広告運用を手がけることになった大手金融機関の担当者さんであり、現在はMAVELの同僚である入戸野《にっとの》さんのおかげです。

そのときの私は、成果報酬型広告の説明も十分にできない超初心者でした。にもかかわらず、当時の上司が先方に、私を会社のキーマンとして紹介したことで、大きなプレッシャーを感じながら手探り状態で仕事をする日々でした。知識も経験も足りない初心者が、そのような大きなプレッシャーを感じる状況で奮闘したところで、うまくいくはずがありませんよね。

そんなとき、入戸野さんから電話がかかってきたのです。

「門屋さん、本音を聞かせてください。今月は目標を達成できそうですか？門屋さんは広告のプロなので、門屋さんが『大丈夫』と言うなら私たちは何も言えなくなってしまいます。

でも、私たちは金融のプロです。困っていることがあるなら教えてくれませんか。プロの仕事に対して口を出すのは失礼なので何も言えずにいましたが、難しいことは難しいと言っていただければ、こちらからも金融のナレッジで提供できることがあるかもしれません。

達成できないからといって必ずしも、予算を減らすことにはつながりませんし、私たちにできることがあるなら一緒に考えたいのです」

入戸野さんはきっと、私が広告の初心者であることに早くから気づいていたのでしょう。けれど私をプロとして尊重し、未熟な私を責めることなく、寄り添ってくれるその姿勢に大きく心を揺さぶられました。

そして**「なんとかして目標を達成して、入戸野さんと一緒に喜びたい。私の至らなさのせいでこの人に肩身の狭い思いをさせたくない」**と考えるようになりました。

「目標を達成して入戸野さんと喜びたい」と強く思うようになると、なりふりかまわず全力で働く力が湧いてきました。そして気づけばそれまでの自分では考えられないほどのパワフルさを発揮。目標達成のために自分が今できること、そして3か月後、半年後のために今できることを考えて、とにかく動けるようになったのです。

奮闘するうち、ついに当初は到底手が届かないと思っていた目標をクリアして、仕事に対する姿勢がすっかりアップデートされていました。

私にとって入戸野さんは、仕事に対する姿勢をガラリと変えてくれた大恩人。だから私は、普段から「入戸野さんやそのご家族に何かあったときには、私が養う」と伝えています。ここにも「『○○さんのおかげで』と『大好き』の思いをこまめに伝える」という工夫があるのですが、これについては186ページでお話ししましょう。

スイッチ

7

努力をしていると、未来で帳尻が合うときがくる

私は日々、とにかく努力することを心がけています。

具体的には、クライアントを、そして担当者さん個人を、誰よりも深く理解するための努力。そして、より効果的な施策を生み出すための努力です。

それに加えて、日々進化していく広告の世界で、成果を出し続けるための勉強も手を抜けません。常に全力で努力を続けていますが、こうした努力は私にとって、今や息をするように当たり前のこと。特に特別なことではありません。

しかし、ときおり「普通の人の『努力』とは、レベルが違うよね」と言われることもあります。周囲からは、死にもの狂いとも言えるほどの勢いに見えるようです。

「そこまで頑張るのは、辛くないですか？」と聞かれることもありますが、辛さはまったく感じないですし、疲れを感じることもありません。なぜなら、努力の先には必ずよい未来が待っているとわかっているから。努力しているそのときが、未来のための準備期間だということを知っているからです。

たとえば、私は大学受験で一度失敗しています。

大阪大学法学部を目指して努力をしましたが、現役合格がかなわず浪人。二年目の受験でようやく大阪大学に合格しました。ただし、ラストチャンスである後期試験で、希望していた法学部ではなく外国語学部になんとか受かった、という状況です。

精一杯の努力で臨んだのに、一度目の受験では失敗。二度目の挑戦でギリギリ合格できたのは幸運でしたが、決して望み通りとは言えない結果でした。

どれだけ努力したって、うまくいかないこともあります。厳しいけれどこれが紛れもない事実だということを、私は身をもって知りました。これは多くの人もそう感じていることと思います。

しかし、「努力しても思い通りにならない」だけで思考を止めるのでは、何も益は生まれません。

大切なのは「思い通りにならない」の先で、**それでも努力を続けていれば、必ず帳尻を合わせるチャンスが巡ってくる、**と私は考えています。

そうはいっても、外国語学部に入学した当時の私は、「どうしてこんな結果になったのだろう、思い通りにならないものだな……」とモヤモヤしていました。あれほどの努力をしたのに報われなかった、その無念さは相当のものだったのです。

そこで私はその後も法学部に行く夢をあきらめず、2回生のときに転学部試験を受験し、合格。ついに法学部に転学部しました。

努力だけでは当然、うまくいかないこともあります。でも、たとえそのときは思い通りの結果が出なくても、あきらめずに努力を続ければ、望む未来につながっていきます。

そう考えると、努力は決して辛いものではありません。いつかその帳尻が合うときがやってくる、そう考えると努力するエネルギーが自然と湧いてくるし、望む未来が近づいていると考えれば、楽しくすらなってくるのです。

スイッチ

8

ピンチはチャンス、むしろ歓迎する

難しい仕事に向き合うとき、死にもの狂いの努力をしているとき、私はだいたいワクワクしています。「こんなに頑張っているのだから、ものすごい結果が出ちゃうかも……」と、努力が実を結んだときのことをイメージするからです。

「担当者さんに大喜びされちゃうかも」——単純で楽観的すぎる考えかたかもしれませんが、そんな未来を想像すると、自然と楽しくなってきます。

たとえうまくいかないことがあっても、大丈夫。

いつかきっと帳尻が合うときがくるから、頑張ろう。

そう思えるようになれば、しだいに努力が苦ではなくなります。

私が大好きな『Yes! プリキュア5』の主題歌に、「ピンチからチャンスへ」という歌詞があります。その言葉は今も私の中に根づいています。

私のこれまでを振り返ってみると、まったく順風満帆ではなく、どちらかというとピンチというか逆境の連続でした。だから、「ピンチ」というマイナスの状況から「チャンス」というプラスの状況へと転じさせる強さが培われたのかもしれません。

たとえ苦しい出来事に直面しても、決してくじけず、その先に待っている幸せだけに焦点をあてて、ポジティブに前進していく——そうした繰り返しの中で私は、**「ピンチ」のおかげで手に入れられる「チャンス」がある**、ということに気づきました。

そう思えるようになると、「ピンチ」でさえも歓迎できるようになります。

多くの人は、ピンチが来たら投げ出したり、逃げ出したくなったりすると思います。けれど、ピンチというのは普通では手に入れられないものを得られるチャンスである――と考えると、ピンチが来ても臆せずにすむのではないでしょうか？

高い目標に対して「必達せよ」と指示された場合、そのプレッシャーは達成できるかわからないため「不安感」となり、押しつぶされそうになってしまうかもしれません。けれど、これは一種のチャンスだと考えればいいのです。

そんな高い目標を達成できたなら、相手からの信頼度は劇的に上がりますし、数字上でも大きく貢献することができるでしょう。まさに、普通は手に入らないであろうものを得られるわけです。

ピンチを経験したら、それだけチャンスが増えるし、他の人には得られないものが手に入る。そんなふうに考えて、ピンチが来たらとにかく頑張って、「こんなに頑張っているのだから、絶対によいことがある！」と楽観的にかまえていればいい、と思うのです。

スイッチ

9

「マウントをとらない＝味方になる」の方程式

私は大阪大学在籍時に、ミスキャンパスに選出されました。そのときのミスコン候補者には実にさまざまなキャラクターの女性たちがいて、びっくりするほどきれいな人もたくさんいました。

しかしどんなに美人でも、その人がみんなから愛されているかというとそうとは限りません。中には、プライドが高すぎて反感を持たれている人もいました。

そこで私はミスコンに出るにあたって、過去のミスコン出場者を調べてみたのですが、その中にきれいで異性から人気があるうえ、同性からも愛されている、という完璧な人がいました。どれだけちやほやされてもマウントをとらず謙虚なので、みんなから好感を持たれていたのです。

そうした事実を知るうちに痛感したのが、**マウントをとらないこと、そして「マウントをとっている」と感じさせないことの重要性**。これは特に、同性に対しては大切なポイントで、今でも役立っています。

だからこそミスコン出場にあたって私が強く意識したのは、**同性の敵をつくらず、誰からも「応援したい」と思われる人になること**でした。

「恋愛がうまくいっている」と思われないようにするのも、そのための戦略です。恋愛がうまくいっている、いわゆる「カースト上位のリア充」だと思われると、同性から嫉妬されたり、「マウントをとっている」と受け取られて疎まれたりするリスクが増えます。まあ実際、本当にうまくいっているときも、ほぼないんですけどね（笑）。

異性から人気があるアピールや、誰もが羨むような彼氏がいるアピールをするのは特に危険です。そうした面を出さないことで、同性からも応援されやすいキャラクターづくりに徹しました。

これは、いわば印象操作です。人は印象によって判断をしやすいため、本当はどれだけ中身が素敵な人であっても、初対面で「なんとなくだけど、この人、嫌だな」というイメージを持たれてしまうと、そこからの回復は難しくなるでしょう。

それと同じで、「この人モテそう」「リア充っぽい」と少しでも思われてしまうと、相手は劣等感や敗北感のようなマイナスのイメージからのスタートです。

「なんとなく嫌だな」「鼻につくな」というフィルターをかけて見られてしまいますから、その後の評価はなかなかプラスに転じません。

印象操作でいえば、相手に親近感を抱かせる工夫として、「悩みがある」というアピールも効果的です。人間は、完璧な人よりも欠点がある人のほうが魅力的に見えるというのはよく言われることですが、それと同じで「なにもかもうまくいっている人」よりも、「なにか問題を抱えている人」のほうが、親しみを感じさせやすいのです。

この場合のポイントは、「悩み」を愚痴として吐露しないこと。愚痴は、吐くことで気持ちがスッキリするという効果がありますが、それはあくまで自分主体のメリット。相手からすれば、解決策のない愚痴を聞かされると、どっと疲れてしまいます。

また、私はミスコン時には、「家族、特に母が大好き」という点もアピールしました。これについては51ページでもお話ししますが、これは健気さを印象づけるというねらいがあります。

早い段階で、いかに相手に警戒心を持たせないか、敵をつくらないようにするかはとても重要なのです。

スイッチ

10

大切なのは、「圧倒的な華やかさ」よりも「親しみやすさ」

ミスキャンパスといえば「まるで読者モデルのような、きれいな人が選ばれるんでしょ？」と思うでしょう。たしかに私が出場したときも、周囲の候補者の大半はそんな印象のきれいな人たちばかりでしたが、私の方向性は少し違っていたから選ばれたのだと思います。

出場するからには優勝したい。そこで私が考えたのは、「ザ・ミスキャンパス」的な王道のキャラクターと同じ路線で戦わない、という戦略でした。これは１００ページでお話しする「他の人とは別の戦いかたを探す」ということにも関連しますが、ここでは「多くの人を惹きつける素質」についてお話ししましょう。

具体的には、「素朴さ」「けなげさ」といった他の候補者とは一味違う要素を強く打ち出し、万人が「応援したい」と思うキャラクターに徹しました。

たとえば、ミスコンに出場する人はその理由として、「友達に推薦されたから」と述べるのがよくあるパターンです。けれどその理由からは、「私は友達に推薦されるほどきれいです」といったニュアンスが醸し出されて鼻につくような気がしますし、特に女性はそう感じる人が多いかもしれません。

そこで私が挙げた出場理由は、「家族に旅行をプレゼントしたい」でした。ミスキャンパスに選ばれると、賞品として高級温泉旅館の宿泊券がもらえることになっていましたから、大切な家族を喜ばせたくて出場を決めた、という理由を記入して提出したのです。

もちろんこれは嘘ではありませんが、「家族のために出場した」という理由を述べたのは私だけでした。「私ってかわいいでしょ？」と自信満々に出場しているように見える人と、家族の喜びのために出場している人がいた場合、果たしてどちらを応援したくなるのか？――当然ながら多くの人が、後者を選ぶはずです。

これは、「人は、どんな人に好感を抱くのか」ということでもあります。大輪のバラはゴージャスで華やかですが、それよりも道端で見かけるタンポポやヒマワリのほうが親しみやすいし、バラとは違う美しさがありますよね。

私が武器にしたのは、タンポポやヒマワリのように多くの人たちが親近感を持って支持したくなるようなカジュアルなイメージや、家族を思う気持ちなどです。

見た目の美しさによって視覚に訴えて支持を得ようとする戦略とは異なり、そのキャラクターによってたくさんの人の感情を動かして「応援したい」と思われることを目指したわけです。

同じフィールドにいるからといって、他の人と同じ武器を持って戦わなくてもいい。むしろ違う武器を持っていたほうがいい。

そんな考えで私はミスコンに臨み、戦略通り選出されたわけですが、これはビジネスにおいても同じことがいえると思っています。

第2章

こう行動すればうまくいく

行動編

スイッチ

11

明確なゴールを設定し、逆算思考で戦略を立てる

46ページでお伝えしたように、大学時代のミスコン出場時には、戦略を徹底的に立てました。しかしミスキャンパスの座は、それだけで手に入れられるものではありません。

そもそも私は、他の候補者に比べて圧倒的に不利な状況にありました。サークルにも入っていないし、友人や知人が極端に少なかったため、まったくと言っていいほど得票を見込めなかったのです。

そこで得票数を上げるために、戦略を立てました。

まず、多くの人に投票してもらうためには、みんなに応援してもらうしかない。応援してもらうためには、みんなに好かれるしかない。好かれるためにはまず、自分のことをよく知ってもらうしかない。知ってもらうためには、ブログに力を入れよう。どんなブログにしてどんな時間帯に投稿をすれば閲覧数が増えるだろうか……。

そんなふうに逆算をして、そのとき自分がやるべきことを見極めていきました。

ブログだけではなく、広告のための制作物はすべて細部に至るまでニュアンスにこだわってつくり上げました。**「この表現が相手にどんな印象を与えるのか」を徹底的に逆算して見せかたを考え、閲覧数を増やすようにしたのです。**

また、過去に議員インターンシップに参加したときに知り合った議員さんにアピールをすることで「応援したい」と思ってもらい、その議員さんとつながっている多くの学生にも投票を呼びかけてもらうようにもしました。

大学内の友人を訪ね歩いて投票を呼びかけたところで、1人にお願いすることで得られる票はわずか1票だけ。もちろんその1票も貴重ですが、議員さんのように人脈と人望に恵まれたビッグネームを味方につけて応援団になってもらえば、一度のアプローチで数多くの票を期待できるようになります。

他の候補者の活動を見ていると、身近な友人に直接「応援してね」と声をかける程度で、私のように徹底的に戦略を立てて活動している人はいませんでした。

その結果、見事に形勢逆転し、組織票がないというマイナススタートにもかかわらず、他の人と大差をつけて多くの票を得ることができたのです。

「どうなりたいか」という明確なゴールを設定し、逆算をしながら戦略を立てる――これが目標達成のコツです。

このときの私は「優勝できるだけの票を得る」がゴールでした。そこから逆算して考えた戦略を実行して、ゴールに到達することができました。
もしもこのとき「ミスキャンパスになりたい」というふんわりしたゴールしかなく、的確な逆算ができなければ、優勝はできなかったと思います。

目標は、なるべく具体化する。その具体化した目標から、どう行動すべきかを逆算する――これは今、仕事に生きている考えかたです。

スイッチ

12

マルチタスクで人の数倍の仕事をやり遂げる

私はマルチタスクを得意としています。同時にいくつもの業務を進めて、人の何倍ものスピードで仕事をやり遂げていく。それが私のスタイルです。

しかし、中にはどうしてもマルチタスクが苦手な人もいると思います。

また、状況によっては、一つの作業に集中するシングルタスクのほうが、生産性が上がるという考えかたもあります。

そのためマルチタスクは、誰にでも安易におすすめできるものではないのかもしれません。ただ、**膨大な業務を抱えるうえにスピーディーな対応が求**

められる私たちの仕事において、マルチタスクが頼もしい武器であることは間違いありません。

私は日頃から、あらゆることをマルチタスクでこなしています。

施策を検討しながら、クライアントからの連絡に返信をしながら、動画チェックもする。そんなふうにして数個のタスクを同時に進めるのはいつものことです。

それは何も、仕事のことだけではありません。オフの日の定番にしているパワースポット巡りを、マルチタスクで遂行することもあります。たとえば、クライアントと一緒にパワースポット巡りをすれば、運気を上げながら同時に、クライアントとの親睦を深めることができます。

他にも、「自宅でフィットネスバイクを漕ぐ」という運動習慣を、仕事と組み合わせることもあります。フィットネスバイクを漕ぎながらメールチェックをしたり、同時に書類を確認したりする。そうすれば、貴重な時間を有効に使えますよね。

こんなふうにして私は、常にマルチタスクであらゆるＴｏＤｏに臨んでいます。マルチタスクが通常モードになりすぎていて「一つの行動によって一つの利益しか生み出さない」というシングルタスクの状態になると、今では違和感を抱くほど。**一石二鳥ならぬ一石三鳥、一石四鳥あたりを狙って貪欲に動き続けていたい**と考えています。

なぜ、私がここまでマルチタスクを極めるようになったのか。思い返してみると、家庭環境が影響していたのかもしれません。

子どもの頃に私は、リビングで勉強をしていました。家族が揃うリビングで、テレビを観ながら、母親と会話をしながら、宿題などに取り組む。そうした日々の積み重ねが、マルチタスクの能力を養ってくれたのではないかと想像しています。

また、料理をする機会が多かったことも、プラスに働いたように思います。複数のメニューを同時につくるには、マルチタスク力が求められるからです。

肉を煮込んでいる間にサラダをつくり、盛り付け用の食器を用意しながら調理器具を片づけて、最終的にはすべての料理が同時に食卓に並ぶようにする。そのためには、うまく段取りを考えて一つひとつの作業を効率的にこなしていく必要があります。

そうした家庭での習慣が、今の私のワークスタイルの基礎をつくってくれたのかもしれません。

スイッチ

13

その日のタスクが完了するまで眠らない

16ページでは、「目先の利益にとらわれず、長い目で見て行動する」というお話をしました。この意識を常に忘れないようにしている私ですが、実は、長期スパンで物事を考えるのはあまり得意ではありません。

たとえば、私は大学受験のときに浪人をしたのですが、受験に備えて長期的な勉強のプランを立て、日々をこなしていくのは至難の業でした。

ちょっと背伸びしたプランを採用しようものなら計画倒れで絶望することになるし、だからといって余裕があるプランにしたところで「これだけしか勉強しなくて、本当に大丈夫？」と不安になります。

無茶をしすぎたり、中だるみしたりせず、長期的な計画を立てて目標達成を目指すことって意外と難しいですよね。

ですから私は、「クライアントとの良好な関係を長く続けていくこと」といったふんわりとした長期目線は大切にしますが、実務に関しては短期目線で捉えて目標を立てるようにしています。

具体的には、**1日単位で「その日のタスクが終わるまで眠らない」**。そしてさらに、**1週間単位で「その週のノルマが達成できるまで眠らない」**と決めています。

「今日のうちにやる」と決めたタスクは、なんとしてでも完遂します。そのために多少疲れが出たり、睡眠時間が減ったりしても、仕方ありません。「眠るまでにすべてを終える」というシンプルなルールだけを決めて、遵守のために全力を尽くすのです。

ToDoリストなどを作成して日々のタスクを管理する人もいますが、それをすると私の場合、**タスク管理そのものが一つのタスクになってしまいます。**

その代わりに、一つひとつのタスクに即対応することで最速の完遂を目指しています。

たとえば、誰かから連絡があれば、できるだけ即レスで対応します。やり取りのボールが自分の手元で滞らないよう、スピーディーに打ち返すのが私のやりかたです。

そうやってすべてのボールを最速で打ち返し、最後のボールを打ち返してからすっきりとした気持ちで1日を終えるようにしています。

ちなみに**1週間単位で設定しているタスクは、直接的に仕事に関わるものではなく、健康のためのものです。**

「月曜の起床とともにスタートして日曜の就寝で〆る」という1週間のうちに、「42時間（1日あたり6時間）の睡眠」と「3・5時間（1日あたり30分）のフィットネスバイク」をすると決めています。

仕事が多忙を極めると、このノルマをクリアするのが難しくなるときもあります。しかし、たとえ月曜にフィットネスバイクに乗れなくても、火曜に2日分（1時間）乗ればプラマイゼロにできます。

そんなふうにして、ときには日をまたいだ調整をしながら、日曜の就寝までに帳尻を合わせるべく、睡眠と運動の時間をとることにしています。

上質なアウトプットを生み、期待された以上の成果を出しながら仕事を続けていくためには、心身の健やかさが欠かせません。

だからこそ、**心身のメンテナンスもタスクに組み込んで、1週間という短期スパンでやり遂げられるように決めました。**

理想を言えば、睡眠は1日あたり7・5時間以上、有酸素運動であるフィットネスバイクは1日あたり1時間以上を目標にしたいところ。しかし、今の私にとっては非現実的な目標であったため、自分なりに達成可能で十分な効果も得られそうな現在の目標に落ち着きました。

こうした短期目標をクリアし続けることで、長期的に見てもパフォーマンスを高められるような仕組みをつくっているのです。

スイッチ
14
「褒める」も「叱る」も徹底的にやる

私はたいていポジティブシンキングで、無理なく頑張り続けることができるのですが、はじめからポジティブで打たれ強かったわけではありません。

大学受験で失敗したときも、転職がうまくいかなかったときも、プライドの高さゆえに先輩に素直に質問ができなかったときも、当時はとてもしんどかったことを覚えています。思い通りにならない現実にやるせなさを感じ、モチベーションを維持するのが大変でした。

だからこそ私は、頑張る人はきちんと報われてほしい、と思っています。

とはいえ、どれほど頑張っていても、結果につながらなければ評価は得られないのがビジネスの世界です。それでも、「頑張ることができる」という姿勢に大きな価値があり、それは一つの能力ではないか、と思います。

そんな考えから、私は「頑張っている人」を後押しするようにしています。たとえば、頑張っている部下がいれば、頑張りが感じられない他の部下とは明らかな差が見えるくらい、しっかり褒めます。

この「褒める」にもちょっとした工夫があります。まず重要なのは、**人の前で褒めること**。しかも、**「〇〇くん、すばらしいね」というように、あえて上から目線で褒める**のです。褒めた相手が妬まれたりしないように、冗談めかして褒めるのがポイントです。

あるとき、担当者さんたちとのＬＩＮＥグループ内のやり取りで、自分の部下に対して「彼の成長が著しく、対応できる幅を広げていただきたいので、よろしくお願いいたします」と発言したことがあります。

その部下はもともと私のサポート役として先方から認識されており、「門屋さんと連絡がとれない場合に対応する人」くらいのイメージしか持たれていませんでした。

そんな彼のことをクライアントの前で堂々と認めれば当然、クライアントからの信頼度が上がりますし、本人にとっては大きな自信につながります。

他には、**間接的に褒める方法も効果的**です。「門屋さんが『○○さんにフォローしてもらって助かった』って言っていましたよ」というような褒め言葉が人づてに耳に入ると、直接的なものに勝るほど心に響くことがありますし、これも本人の自信になります。

これらは、頑張っている人がより頑張れるように、そしてその努力がよい結果につながるように、という気持ちから生まれた工夫ですが、これは人を動かすときにも通じると思います。

ただし「とにかく褒めろ」というわけではなく、大切なのはその人の努力を認めることです。

私の場合、そのように努力している人であれば、多少のミスを大目に見ることがあります。たとえば、始業時間に遅刻したとしても、それが前日に夜遅くまで仕事をしていたという理由であれば、一概に責めるべきではない、と考えています。

もちろん、それでも遅刻しないというのが一番いいのですが、やるべき仕事を終わらせずに翌朝定時に出社する人と、やるべきことをしっかり終わらせて翌日に少し遅刻する人なら、私は後者にポジティブな印象を持ちます。

そこで遅刻したことを強く叱れば、相手としては「遅くまで頑張って仕事を終わらせたのに……」という気持ちになるでしょうし、それはその人の努力を認めていないことと同じです。褒めることはせずとも、「了解。しれっと出社したらいいよ」と見逃します。

これは部下に対するエピソードですが、「頑張りたい」という気持ちが大きくなるように働きかけること、そして、頑張っている人がますます頑張っていけるような環境を整えていくことで、ビジネスの生産性は大きく高まると思います。

「人を動かす」というのはビジネスやマネジメントにおける永遠のテーマですが、私の場合は「頑張っていることを認めて、褒める」の一択です。

ちなみに私は、徹底的に褒めると同時に、叱るときも徹底的。具体的には周囲の人の目が届く場所で、強い言葉と態度でガツンとしっかり叱ります。

前に、何も結果を出していないにもかかわらず、「数年で辞めて独立して、そのうちＦＩＲＥする」「お金にしか興味がない」などと繰り返す、とにかくプライドが高い部下がいました。私はこの部下に次のように言いました。

「会社としては、あなたを即戦力として採用したわけでなく、その先の成長や貢献に大きく期待して採用した、いわば先行投資の状態なんです。知識や経験が不足していて十分な成果が出しづらい中で、あなたを全力でサポートしようとしている私に対して『お金にしか興味がない』と言うのは、変だと思いませんか？」

この言葉で彼はプライドがぽっきり折れて心を入れ替えたのか、人の2倍、3倍、それ以上に頑張るようになりました。人は誰しも、自身を客観的に認識することは難しいものです。

こんなふうに本気で向き合ってくれる人に、出会ったことがなかったのかもしれません。

このようにして私が本気で褒め、叱ってきた部下は、今となっては彼がいなければ困る仕事も多々あるほど頼れる存在になりました。

褒めるときには本気で褒める、叱るときには本気で叱る――これによって、相手も本気で動いてくれるようになります。

特に「徹底的に本気で褒める」ことで、「もっと褒められたい」という気持ちにつながって前向きなエネルギーが生まれ、頑張りがよい結果に結びついていくのだと思います。

スイッチ

15

自分を認めてほしくなったら、周囲を見てみる

褒めて応援する――これは、かつての私にはとても難しいことでした。あまりに承認欲求が強かったからです。

頑張っている私のことを、もっと認めてほしい、褒めてほしい……そんな思いが強すぎて、誰かのことを認めたり褒めたり、素直に応援したりすることなんてできませんでした。

「誰よりも頑張っている」という自負があったからこそ、他の誰でもなく自分の頑張りを認めてもらいたい、と思っていたのかもしれません。

実際、他の人の頑張りなんて目に入ってきませんでしたし、「私はこんなに頑張っているのに、なんで？」と、思うこともありました。

そんな状態ですから、敵に囲まれてたったひとりで孤独な戦いをしている、くらいに思い込んでいて、味方になってくれる人が周囲にいるとは到底思えませんでした。味方をつくるという思考もなかったわけですね。

大学のミスコンで優勝したときでさえ、孤独を感じていました。優勝によってある程度は「私を認めてほしい」という気持ちが満たされたものの、私にとっては決して十分とはいえず、大学を卒業してビジネスの場に出るようになっても、その孤独感を引きずって承認欲求を抱えたままの状態でした。

この状況を打破してくれたのが、クライアントのＫさんでした。Ｋさんについては２０２ページで詳しくお話ししますが、かつてのクライアントで、今では親友。そんなＫさんとのお付き合いの中で少しずつ、承認欲求が満たされていったのです。

仕事関係者のひとりとしてではなく、ひとりの人間として認められ、必要とされたことで、不思議なことに目に映る世界がみるみる変わっていきました。

するると、**自分の他にも頑張っている人がいる、**という当たり前のことにも気づけるようになったのです。

「自分の頑張りを認めてくれない」と思ってしまうときは、承認欲求が強すぎて、他の人が見えない状態なのかもしれません。

私はKさんの存在によって承認欲求の呪縛から解放されましたが、皆さんも周りをよく見てみれば、また違った視点で物事を考えることができるように思います。

特に、周囲の人がそれぞれのやりかたで努力していること——自分とは方法や熱量は違うかもしれないけれど、それぞれのやりかたでみんな頑張っている、そのことに気づくと、「私がこんなに頑張っているのに、なんで?」という益のないことを考えるより、できることが広がるはずです。

ほかにも、**周りの頑張りかたを見てみる、**というのもおすすめです。

頑張っている人や努力している人は多いのですが、中には努力の方向が間違っていて、うまく成果が出せていなかったり、評価されなかったりというケースをよく見かけます。「うまくいっている人」と「うまくいっていない人」との差分を見れば、努力の方向性を調整することができるでしょう。

私の場合、努力の方向が合っているかの答え合わせを定期的に行っているので、「なんで努力が報われないの？」「私はこんなに頑張っているのに……」などとヤキモキすることはありません。こうした状態に陥る人はふさぎ込んでしまい、しだいに周りを敵として見るようになり、孤立してしまいます。

そうなる前に、**周りを見て自分の努力の方向を見つめ直すことが大切**です。

スイッチ

16

得意領域をしっかりと伝え、勝てるフィールドに誘導する

仕事では、いつも得意領域の案件ばかりが当たるわけではありません。ときには不得意な領域に取り組まなければならないことがあります。

私が最も得意で、クライアントにご満足いただける結果を出せる仕事は成果報酬型の広告の運用で、特にアフィリエイト広告が得意です。とはいえ実際には、先方からの要望に応じてオフラインの認知広告やキャンペーン企画など、さまざまな仕事を担当しています。

不得意な領域の仕事をするときに大切なのは、自分の得意領域を明確に示

すことです。

慣れない領域の仕事を引き受けるときは、スムーズに結果を出せず、相手から「この程度か」とがっかりされることがあるかもしれません。私自身、できれば本来の得意領域で仕事をして、思い通りの結果を出したいわけですから、なかなか歯がゆいところがあります。

とすると、得意領域の仕事をもらうためにはどうすればいいか？——と考えたときに思いついたのが、「自分の得意領域は違うということを伝えておこう」、そして「この不得意な領域の仕事にも全力で取り組んでポジティブな印象を残し、そして、アフィリエイトの仕事をもらおう」ということです。

こういうわけで、私は結局、不得意な領域の仕事でも必ず全力で取り組んでいます。もちろん失敗するときもありますが、相手との雑談の中で「私が得意なのはアフィリエイトなので、今度はアフィリエイトの仕事でお力添えできるといいなと思っています」と伝えます。

ただし、慣れない領域の仕事をしているとき、相手に得意領域を申告するというのは、「結果が出なかったときの言い訳＝苦手な領域だから、結果が出せなくても仕方ない」と取られる恐れもあります。

そうした誤解を招かないためには、伝えるときのニュアンスが重要です。つまり、得意領域ではないからといって「苦手」とは言わないこと。**「もっと得意な領域があるんです」**という伝えかたが**ポイント**です。

これによって、**さりげなく得意領域へと誘導することができ、次回からは自分のフィールドで存分に力を発揮できるようになります。**

中には、「苦手な・不得意な・慣れない領域があることを、相手に気づかれないほうがいいのでは？」と考える人もいるかもしれません。

現に、私もかつては「不得意な領域が露見すると、信頼を失ってしまうのではないか」という不安や、「どんな領域でも大丈夫だと思われたい」という見栄がありました。

けれど、それは**自分を大きく見せたいがための虚勢にすぎませんし、相手の利益を追求するうえでは邪魔でしかありません。**相手の力になりたいなら、正直に、少しでも自分が役に立てる方法を示したほうがいい――「自分の得意領域を申告して誘導する」というのは、「役に立つ」というゴールに最短ルートでたどり着く方法といえます。

スイッチ
17

ダメなこと、受け入れられないことは、ストレートに伝える

私はいつも相手に貢献できるよう力を尽くしますが、私ひとりがどれほど努力しても、大きな利益を生むことはできません。**クライアントをはじめとして、運用に関わるチームメンバーが一丸となって取り組んでこそ、期待を上回る結果につながる**のですから。

そのために、私は常日頃から、メンバーが存分に力を発揮できる環境づくりに必要な提案を怠らないようにしています。そのときに大切なのは、**その人の心に的確に届くよう伝えること。オブラートに包まず、はっきりと物申します。**

ただし、あまりにはっきりと伝えると、それがかえってトラブルになる可能性もあります。そのようなクレームともとられかねない内容は、メールやSNSでの文章のやり取りではなく、会話の中で濁しながら、でも相手に理解されるように話すことで、こちらの意図をしっかり伝えることができます。

あるとき、無茶振りを連発するクライアントに困り、その部下にあたる方に、「実は、夜中に○○さん（クライアントの上司）からたびたび連絡をいただいて……」とお話ししたことがあります。

すると先方は、「申し訳ありません。夜中や休日の連絡には対応しなくて大丈夫です。無視していただいて大丈夫ですよ」と、私を気遣ってその人との連絡の橋渡し役を担ってくれて働きやすいようにしてくれたのです。

以降はその人の部下がフォローしてくれるようになったおかげで状況が改善され、仕事がしやすい環境になりました。

また、あるときはクライアントから急な依頼をされて困ったことがありましたが、「間に合いますが、もう少し時間の余裕を持ってご連絡いただけると、施策の仕込みをもっと増やせると思うので、うれしいです」と、事実を伝えました。笑顔で伝えて深刻さをやわらげつつも、しっかりと事実を伝えたことで、相手は私が困っていることを自覚してくれたようです。

他にも、クライアントの姿勢に納得ができず、長文のメッセージを送ったこともあります。ここで詳細を述べることはできませんが、次のような内容です。

「私たちはパートナーです。そのことをご理解いただきたいです。難しい場合はお付き合いが厳しいです」

「そのようなご対応を続けられると、貴社と協力体制を築きたいと考える企業はなかなかいないと思います」

――こうして振り返ると、かなりストレートなメッセージですね。けれど、このときの私たちにとってはこれが正解だったと思っています。

結果としては、先方から「おっしゃる通りですよね」と丁寧なお返事をいただきました。そして対応を見直していただくことができたのです。

ビジネスでは、婉曲表現も必要だとは思います。しかし、ダメなものはいくらオブラートに包んだところで変わりません。相手にちゃんと理解してもらうことのほうが大事です。これは、「目先の利益にとらわれず、長い目で見て行動する」（16ページ）を考えた結果ともいえますね。

スイッチ

18

ミーティングは「楽しくて発言しやすい場」にする

世の中に退屈なミーティングって多いですよね。

何十枚もの資料が配布されて、それをひたすら目で追う。
真面目な顔をして、黙って話を聞き続ける。
シビアな空気の中で突然、意見を求められる……。

こんな調子ではおもしろくないのも当然だと思いますが、とはいえ私自身、かつてはこんなふうに退屈なミーティングばかりしていました。それが正攻法だと思い込んでいたからです。

しかし、ミーティングというのは本来、意見交換の場であるはずです。だからこそ**重要なのは、発言しやすい場づくり**です。

静まり返った会議室で、勇気を出して意見を述べたものの、反応が薄い……という状況では、発言を躊躇してしまいますよね。大切なミーティングだからと真剣に臨むのはいいことですが、そのせいで発言しにくくなるようなら本末転倒です。

私がミーティングで心がけているのは、**笑いがあふれる楽しい場をつくること**。

冒頭の挨拶では「さあ！　今日もはじまりましたー！」とテンションを高くして盛り上げることもしばしば。髪を切ったメンバーがいれば、「髪、切りました？　素敵ですね！」と話を振って笑顔になってもらいます。

とにかく楽しくて、みんなが明るく笑っている、それが私の考えるミーティングです。

こんな状態にできれば、誰もが意見を言いやすくなります。静まり返ることはめったになく、同時に何人もの人が発言して笑いが起こり、場が盛り上がります。

つまり「気軽に発言できる環境づくり」といえますが、もちろんただ楽しいだけではなく、充実した内容であることは大前提。具体的には、満足いただける数字や施策をしっかりと示すことは不可欠です。

明るい雰囲気で笑い合いながらプレゼンできれば、率直な意見が返ってきます。これまでの経験上、このほうが退屈な空気の中でやり取りするよりも、ずっとよい結果にたどり着けます。

「今日は門屋さんとのミーティングか、楽しみだな」と思ってもらえれば上出来です。

ミーティングを「緊張するもの」「面倒なもの」とマイナスに捉えず、「お客さんとの楽しいイベント」「参加者が一緒に楽しみながら最大限の結果を

引き出すための場」と捉えることが大事です。

スイッチ

19

オンラインミーティングはオーバーリアクションで

ミーティングのときには、オーバーリアクションを心がけています。特に**オンラインミーティングのときには、大げさなほどに身振り手振りをつけて、相手の言葉に反応する**ようにしています。

オンラインミーティングでは、互いの空気感が掴みにくくなるため、対面のときよりも会話がしにくくなります。

相手の言葉に相槌を打つときに不自然な間が空いてしまったり、相手のテンポを掴めずに話を盛り上げることができなかったり……。そんな経験がある人も多いのではないでしょうか。

そこで私は、相手がこちらのテンポを摑みやすくなり、不安を感じずに会話を楽しめる方法を考えるうち、オーバーリアクションをとるようになりました。

そうすることで相手は、「ちゃんと聞いてくれているんだな」「同じテンポで会話を楽しめているんだな」と実感しながら、安心してミーティングに参加することができるのです。

相手を不安にさせないコミュニケーションスキルとしては、**「別れた後のほほえみ」も効果的**です。

たとえば私は、オンラインミーティングが終わって相手の姿が見えなくなっても、その後5秒ほどは、ほほえみを絶やさないようにしています。楽しい時間の余韻を残したまま、お別れしたいからです。

にこやかな表情でオンラインミーティングをしていた人が、画面が消える瞬間に真顔に戻ってしまう。そんな瞬間を私は何度か目撃したことがあります。

おそらく、「もう相手に見られていないはず」と油断して真顔に戻ってしまったのだと思いますが、目撃した側としては、なんとも残念な気持ちになりますよね。だから私は、画面が消えた後もしばらくは気を抜かないようにしています。

オンラインミーティングのときだけではありません。**リアルでお会いしている人と「お疲れさまでした」「さようなら」と別れるときも、余韻を残すことを忘れない**ようにしています。

相手と別れの挨拶をして、互いに別の方向に歩き出した後、私は必ず相手のほうを振り返ります。

もしかすると相手は、振り返っている私の様子に気がつかないかもしれません。でも、それでもいいのです。相手も同じように振り返っていた場合のために、私はいつでも振り返ります。お互いに相手を振り返って「またね」と手を振り合う場合を想定して、振り返るようにしています。

一緒に過ごした楽しい時間の余韻を残すことで、相手に安心してもらう。

ささやかな心がけではありますが、そんな積み重ねが円滑なコミュニケーションにつながっていきます。

いつ・どこで見かけても、安心して話せる存在でいたい。そんな思いが、「オーバーリアクション」や「別れた後のほほえみ」を実践する動機になっています。

スイッチ

20

「行ってきました!」「やってみました!」で熱意を見せる

私は、担当者さんとは週に1回、定例会をしています。その定例会で大好評をいただいている話題が、「行ってきましたシリーズ」です。

これは、クライアントのサービスを私が利用してユーザー目線でレビューするというもの。**クライアントが運営する店舗や競合の店舗に客として潜入するなどして、その内容を報告する**のです。「シリーズ」と銘打っている通り、一度限りではなく何度も行います。

この「行ってきましたシリーズ」のポイントは、あくまでも予告なしの潜入リサーチであること。

予告したうえで調査を行えば、クライアントに特別対応をされかねません。そうするとありのままの状況を知ることができないし、先方に気遣いをさせてしまう可能性もあります。

あくまで私個人の自主的な行動ですので、自費です。もちろん、担当している広告運用の仕事に支障が出ないよう、週末など業務時間外のタイミングで行います。

自費で行うからこそ、お客さんと同じ目線で「このサービスにこれだけのお金を払う価値があるのか」をリアルに感じることもできるのです。

「行ってきましたシリーズ」というカジュアルな名称にしているのは、その内容を気負わず受け取ってもらうためです。

くわえて、調査のプロではなく、あくまでも**一般ユーザーとして感じたことを伝えたい**という狙いもあります。

実際、私はクライアントが運営するエステを利用してみたり証券会社で取引してみたり、消費者金融で借り入れをしてみたり……。クライアントの競合である他社のサービスも片っ端から利用しますが、そこで気がついたことを、正直にお伝えしています。

エステなどでは同業者の利用をお断りしている場合が多く、クライアント自身が競合他社のサービスを受けられないのが一般的。だからこそ、私が代わりに現場を体感し、レポートすることに大きな意味があると考えています。実際にクライアントにとって大いに参考になるようです。

どんなサービスでも、実際に利用しなければわからないことがあるものです。ユーザーとして利用することではじめて、クライアントの潜在的な魅力が見えてくることもありますし、業界での立ち位置やその特色なども把握できるようになります。

こうして顧客理解を深めることが、その後の施策を考えるうえで確実に役立ちます。

「行ってきましたシリーズ」のような潜入調査で得られる競合の情報というのは、とても大きな価値があるものです。

私の場合は「競合の情報を持っている人」と認識されることによって、クライアントの上層部からも認知されるようになりました。

このような話をすると「自費を払ってまでやるべきこと？」と訝しく思う方もいらっしゃるかもしれません。

しかし、この「行ってきましたシリーズ」は間違いなく、**「ここまでの熱意を持って、自分たちのサービスへの理解を深めてくれる人はいない」というクライアントからの信頼獲得にもつながっています。**

スイッチ

21

報告は「資料を読ませる」ではなく「声を聴かせる」

「行ってきましたシリーズ」の潜入調査をしたら、その内容は定例会で報告しますが、そのときのポイントは、「読んでもらう」のではなく「聴いてもらう」ということです。

レポートをまとめて事前に提出することはなく、必ずライブで伝えます。

事前に資料を提出するとしても、そのタイミングは定例会の1分前など直前にします。直前までつくっていたものを、定例会の場で見ていただくというイメージです。

「より充実したフィードバックをもらうには、定例会の前に資料を共有したほうが効率的では？」と思われるかもしれません。それも一理ありますが、あえてそうしないのは、資料が対話の邪魔をする場合があるからです。

資料があれば黙って読む流れになりがちですが、口頭で伝えれば自然と対話になります。「うんうん」という相槌があるだけでも場の雰囲気が明るくなりますし、双方向のやり取りもしやすくなり、こちらからの質問も投げやすくなるのです。

もちろんその場合には、ある程度のトーク力や場をまわす力も必要ですが、それはさほど難しいことではありません。

その場でクライアントに感想を聞いてみたり、そのときの流れで話を肉づけしたりすればＯＫ。これによってクライアントの考えを知ることもできますし、資料がある場合よりもずっと楽しくて充実した時間を過ごせます。

ザッと読むだけなら数分で終わるような内容を、たっぷりと1時間くらいは味わえるのです。

スイッチ

22

「他の人とは別の戦いかた」を探す

私が「行ってきましたシリーズ」をはじめたのは、入社後すぐに仕事をともにしていたある上司の影響です。

入社してまもなく、私はたびたびその上司が担当する定例会に同行していました。

彼は広告運用の知識も経験も豊富で、そのうえ毎回3個以上の提案を持っていくという誠実な姿勢で仕事をする人。当然ながらクライアントからの支持も絶大でした。

その様子を見ていて思ったのです。

今の私には、知識も経験も、そして毎回3個以上の提案をするというアイデア力も、彼にはかなわない。決してすぐには追いつけない。だったら、それ以外の部分で勝てる方法を探してみよう。同じ戦いかたで後を追うのではなく、違う戦術をとることで追いつき、追い越すことを目指そう。

そうして私は、その上司をベンチマークしながら策を練りました。するとその彼は、クライアントのサービスを使ったことがないということがわかりました。その背景には、女性向けサービスを提供しているクライアントが多かったこともあったのですが。

そこで思いついたのが、「行ってきましたシリーズ」です。

「行ってきましたシリーズ」を続けることでクライアントとの距離を縮め、

熱意と愛を伝える。

さらには、他の人が知り得ない独自の情報を手に入れて施策に生かしていく。

上司とは一線を画す方法で、先方の支持を得ようと考えたのです。

そんな理由ではじめた「行ってきましたシリーズ」ですが、これを続けるうちに少しずつ、クライアントとの信頼関係を築けるようになりました。

これによって「門屋さんじゃなければ意味がない」と言ってくださる担当者さんにも恵まれ、多くの案件を任せてもらえるまでになったのです。

他に同じようなことをしている人がいない今、私はこの「行ってきましたシリーズ」によってひとり勝ちしている状態。

ブルーオーシャン戦略が成功している状態といってもいいでしょう。

また、対等な立場のパートナーとしてクライアントと付き合えるようになったのも、この「行ってきましたシリーズ」のおかげです。

クライアントは私のお客さん。しかし「行ってきましたシリーズ」をすることによって私は、クライアントのお客さんという立ち位置にもなります。その結果、クライアントと対等にお付き合いさせていただけるようになったことを感じています。

スイッチ

23

うまくいくイメージを持てるまでロープレを繰り返す

こうして私は、いつものびのびとミーティングを楽しんでいますが、当然、思い通りにいかないこともあります。

特に付き合いの浅い相手だったりすると、心の距離がまだ縮まっていない状態。楽しいミーティングができるという確信が持てず、緊張してしまうこともあります。

そんなときにどうするか。**ただひたすらロープレするのみ**です。

具体的には、相手が目の前にいることを想定し、ひとりで声を張って明るく場を盛り上げます。

さらには、その様子を録音したり録画したりしながら、スムーズに説明できるよう練習するだけではなく、落ち着いたバージョン、元気いっぱいバージョンなど、複数の雰囲気のパターンを練習して、相手の担当者さんキャラクターをふまえて、どれが対話のきっかけになりそうかを考えながら、イメージトレーニングをしています。

一度で満足できないときは、何度も繰り返します。5回ほど繰り返すと、ようやくうまくいくイメージが浮かぶようになります。そして得られたよいイメージを持ってはじめて本番に臨むのです。

ロープレの大切さについていえば、MAVELでは最近、「プロセス管理」という教育プログラムを導入したのですが、その一環としてロープレがあります。メンバーは本番さながらのミーティングをみっちり1時間やるのですが、このロープレの評価項目としては「語尾が尻つぼみになっていないか」や「適度な間を開けた説明をしているか」、あるいは「アイスブレイクトークを実施し、相手との距離感を縮められたか」など、実に細かく設定されています。

初回は全員不合格だったのですが、2回目となると合格者が一気に増え、もともと話すのが苦手なメンバーでも4回目で合格することができました。その経験から、5回ほどロープレを繰り返せば、誰でもミーティングをうまく進めることができるのではないかと考えています。

ただし、それでも相手との距離が思うように縮まらないことはあります。笑顔になってもらえるようにこちらからアプローチをしても、なかなか心を開いてもらえない。心地よい会話のキャッチボールができない……。心が折れそうな状況ですが、そんなときにまず大切なのは、鋼のメンタルを保つことです。

相手がどんな態度であろうと、心折れることなく笑顔をキープして、ポジティブな姿勢を貫きます。

そして次に意識するのは、**できるだけ早く成果を上げることです。**喜んでもらえる結果を出すことができれば、自然と相手の態度も変わってきますが、それまでは苦しい戦いを強いられることになります。

そこで私は結果を出せるまではその相手の優先度を上げて、時間も労力もしっかりと投資するようにしています。そうするうちに相手を好きになることもできますし、結果につながって相手からの信頼を勝ち取ることもできるようになっていきます。

実は、創業社長の小嶋雄介もこれと同じことを言っていて、それを聞いたときに「私がやってきたことは間違いなかったんだ」と思ったことを覚えています。

そうして相手の心の中に、私に対するポジティブな記憶が増えていけば、距離が遠かった頃の記憶も薄れていくはずです。

スイッチ

24

報告資料はパワポ4ページでいい

先に定例会のお話をしましたが、こうしたミーティングではたいてい、大量の資料を準備しなければならない、と考えている人が多いと思います。

私自身、広告運用者とそのクライアントとの定例会を行っていますが、その定例会に同行していた前述の上司も、これでもかというほど充実した資料を用意するのが常。他の同業者に話を聞いてみても、その多くがパワーポイントなどを使って30～40ページにも及ぶ資料を用意しているようです。

けれど私の場合、そんなに大量の資料は用意しません。**せいぜい4ページ程度です。**

これだけでもよく驚かれるのですが、さらに4ページの内訳は、1ページ目が表紙、3ページ目が中表紙的な内容ですので、実質は2ページです。その2ページは議題の要点だけをまとめていますが、1時間ほどの定例会であれば、それで十分です。

丁寧につくり込まれたボリューミーな資料は、確かにクライアントに喜ばれることもあると思います。でも正直な話、私だったら何十枚もの資料に目を通すだけでも大変です。それに、せっかくつくり込んだ資料が、打ち合わせ後に即シュレッダー行きになったら悲しいですよね。

私の仕事は広告運用であって、資料作成ではありません。濃密な資料をたくさんつくるよりも、広告運用で結果を出すことを期待されているはずですから、だとすると定例会の資料は4ページで十分ではないか、こう思い至ったわけです。

本音を言えば、わずか4ページの資料さえも、そしてさらに言うなら定例会そのものでさえも不必要だと考えています。

なぜかと言うと私の場合、常に担当者さんと会話でつながっているから。わざわざ定例会という場を設けなくても、普段から欠かさず報告や意見交換の機会が頻繁にあるからです。

Ｗｅｂの世界の動向は、刻一刻と移り変わっていきますから、Ｗｅｂマーケティングはスピードが重要です。「今だ！」と思ったときにはタイムラグをつくらず策を実行する必要があり、どれほどすばらしいアイデアであっても、その実現が少しでも遅れると効果がガタ落ちしかねません。

だから先方に伝えるべき用件があるときには、「次の定例会で報告しよう」と保留することはなく、すぐに相手に連絡します。

こういう理由で私は、どんな些細なことでも伝えたいと思ったそのときに連絡するようにしています。

この習慣がついていれば、資料を渡す必要があるときには、要点をざっと書いたもので十分。べつに手抜きしているわけではありません。

こうすれば、資料をつくる時間も削減できますし、資料をつくるためにパソコンに向き合っているより、お客さんとやり取りしている時間を増やすほうが信頼関係を築くことができます。

時間は有限です。限られた時間の中で優先すべきは何か、こう考えてみると「やるべきこと」あるいは「最善のこと」は自然と見えてきます。

ちなみに、「4ページの資料で間がもつのか」と聞かれることもしばしばですが、ここで役立つのが86ページでお話しした「ミーティングを楽しい場にする力」です。

たとえたった4ページ、実質2ページの資料でも、それをもとに意見を交わし合えば充実した1時間を過ごすことができます。その資料に自らメモをしてもらえば、相手にとっては捨てることができない大切な資料になります。

ときには雑談ばかりに花が咲いてしまうこともありますが、「資料を読み上げて終わり」という会議よりもずっといい、と思っています。

スイッチ

25

提案資料には「ツッコミどころ」を用意しておく

そういうわけで定例会の報告資料はわずか4ページ程度のあっさりしたものしかつくらない私ですが、提案資料については違います。

提案資料の場合は、報告資料とは別にもう少しボリュームがあるものをつくります。しかも、相手が突っ込みやすいような簡単な穴をつくっておく、という仕掛けを必ず用意しておきます。

クライアントの立場からすれば、私たち代理店の提案に対して「何か意見を述べなければ……」という気持ちもあるでしょう。単にOKを出すだけでは、仕事をした気になれませんからね。

そこで私は、あえてツッコミどころのある資料をつくり、質問や指摘をしやすいようにしています。

あえて資料に穴をつくっておくというのは実は、過去に「この部分は質問されたくないけれど、どうやって回避したらいいのだろう」「1時間もの定例会をどうやってもたせればいいのだろう」と考えた末に編み出した方法です。

先方には、意図的につくった穴がある資料を見せながら「すごくよい提案があります！」と明るく説明。すると相手は当然、狙い通りの発言をしてくれるでしょう。

「こういうリスクは考えられませんか？」

「この部分をもっと詳しく教えてください」

「他でやっている◯◯の施策とカニバってしまうのでは？」

「他社実績では、どんなものがありますか？」
「すると、こういう条件はつけられませんか？」

などなど、こうした質問や指摘はもちろん、すべて想定内です。十分な説明を用意してありますから即答可能です。

このプロセスを経ることで、相手は「仕事した！」という満足感を得ると同時に、納得できる答えを速やかに示した私への信頼度を高めてくれます。つまり、双方にとっておいしい状況になるというわけです。

特に上長に同行してもらうときには、上長に対する信頼感を高めるためにも、この手法を積極的に使っています。具体的には、その上長が考えた案や過去の類似事例について、あえてツッコミどころを用意しておき、上長に答えてもらう、という方法です。

上長が相手のツッコミに対して毅然と答えることで、上長はクライアントにとって、「ときおり同席するだけの存在」ではなく「優秀な人」「頼れる人」という印象を抱くことになります。

調整事項があるミーティングでは、上長のアシストがカギとなります。「上長の優秀さ」「頼もしさ」をアピールしたい場合には、紹介時に「上長は前職が〇〇で、そこでトップセールスマンだった実績があり……」などと紹介する人が多いのですが、部下が身内である上長の実績を直接的にアピールするよりも、この「先方からのツッコミにかっこよく返してもらう」という方法のほうが、かなりの率でクライアントからの信頼を勝ち得ることができます。

スイッチ

26

クレーム対応時にも、相手への愛が必須

どんなに慎重にリスク回避をしていても、予期せぬ配信事故といったヒューマンエラーなど、自分たちの落ち度でクライアントに迷惑をかけてしまうことがあります。

こんな状況からクレームがきた場合、どう対応すればいいのか――大半の人は「とにかく謝罪」と考えると思いますが、私は謝罪がベストな対応だとは思いません。

何はなくとも**相手に示すべきは、「その事態に対する共感」**であり、それは引いては**「〝あなたを大切に思っている〟という愛」である、**と考えてい

ます。

要は、**相手に寄り添い、同じ目標に向かって一緒に努力していることを伝え、愛を受け取ってもらうのです。**

クレームを受けたときにはまず、相手の立場から状況を見て、共感の言葉をかけます。実際、広告で効果が得られず、補塡施策が必要になったときには、次のような具合です。

「申し訳ございません。これでは、このサービスのすばらしさが全然伝わっていませんよね。もっと愛がある表現をしてもらえるように補塡施策を調整します！」

これは理論的にいえば、**①相手の怒りに共感し、②相手に対する愛を伝え、③その愛を示すための施策を約束する、**という順序で進めています。

ここで私が怒りの矛先を向けたのは、「手がけた広告の効果が低かったこと」ではなく、あくまで「このサービスのすばらしさが伝わらない広告になっていること」です。

もしも「効果的な広告をつくれなかったことに対して怒り、補塡をする」という対応をした場合、その後は効果が低い広告すべてに補塡をする、という事態になりかねません。

それに対し、「このサービスのすばらしさが伝わらない広告になっている（と感じた）」という怒りと、それに対する補塡であれば、対象は今回の広告のみですから、今回の広告のみ補塡施策をすればいい、ということになります。

相手の怒りに共感し、同じ目線に立って憤ることとは、相手は「この人、自分たちと同じ目線で考えてくれているな」「自分たちのサービスを愛してくれているんだな」と伝えることにもなります。

これも一つの愛の伝えかただと思います。

同じ状況で、「申し訳ございません」とただただ謝罪に徹する対応も、間違いではありません。相手によってはそのほうが効果的な場合もあります。

ただし、その種の謝罪をするときには、「謝る側」「謝られる側」と両者の位置が明確な対立関係となってしまい、「同じ目標に向かって一緒に頑張る仲間」にはなれません。

クレームに対しても愛を持ち、「あなたに寄り添います」「仲間です」というニュアンスを伝えることが大切なのです。

スイッチ

27

気まずい相手には、気まずいときほどマメに連絡する

自分に落ち度があってクレームや叱責を受けた場合、どんなに愛を持って相手に寄り添っても、納得してもらえないときもあります。

そんな相手とは距離を置いて、相手の気持ちが緩和されるまで時間が経つのを待とう、それまでは最低限のやり取りだけをしておこう、という人が多いように思いますが、**こんなときはいつも以上に頻繁に、臆することなく連絡を入れるのが正解です。**

相手に連絡をとりづらくても、とにかく気にせず、普段のテンションで接

することが大切です。

どれほど気まずい関係になったとしても、仕事上関わる相手であればやり取りしないわけにはいきませんから、結局連絡をとるしかありません。

だから私は、関係性がぎくしゃくして気まずい空気が流れていても、通常モードを貫きます。どんなにつれない反応が返ってきたとしても、ロボットになったつもりで心を無にし、いつも通りの自分で話しかけ続けます。

一度距離を置き、関係が遠ざかってしまうと、その距離を縮めるのには結構な時間がかかるのですが、頻繁にやり取りしていれば、相手の気持ちがほぐれるのも早いのです。

そもそも、「連絡をとりたくない相手」あるいは「距離を置きたい相手」がなぜ生まれるのか？――それは、相手が何を考えているのかわからないから、ということに起因します。

頻繁にコミュニケーションをとっていれば、相手の機嫌・状況が把握できるので、この不安を和らげることができます。

たとえば、自分が話しかけても塩対応だった場合は辛いものですが、その対応によって「相手はまだ塩対応したくなるくらい、怒っているんだな」という情報が得られます。

当たり前かもしれませんが、それだけでも大きな収穫です。少なくとも、「相手が何を考えているかわからない」という不安は軽減されますし、派生的に「今はまだ、追加施策の提案はやめておこう」などの判断材料にもなります。

そうやって普段通りの態度で密にコミュニケーションをとり、雑談も振り続けていると、新しい情報を得られるチャンスがそれだけ広がります。

あとは、話の中から得た情報で、また相手の役に立てることを一生懸命に考えればいいのです。

塩対応をされてもへこまず、いつも通りのテンションで相手に向き合い続けるのは、かなり強いメンタルが必要かもしれません。

そんなときには、「本当は気まずいし、塩対応が辛いから連絡をとるのは嫌だけど、こんなに頑張って連絡をとっているんだから、前よりももっと仲良くなれるかも」と考えてほしいと思います。

第3章

こう付き合えば
うまくいく

人間関係編

スイッチ

28

「この人の仲間になりたい」と思わせる

どんな仕事もひとりでは成し遂げられないものですが、広告運用を行う私の仕事も同じことがいえます。

大前提としてクライアントがいなければはじまりませんし、同僚や外注先のメンバーをはじめ、たくさんの人に支えられて仕事が成立します。

だから私は、関わるすべての人たちから**「仲間になりたい」と思ってもらえる自分でありたい、**と考えて仕事に取り組んでいます。

それでは、「仲間になりたい」と思わせるには何が必要なのか？　これは

56ページでお話しした「逆算思考」に通じる話ですが、まず確立したいのは、**「門屋さんは、たくさんの人に愛されて応援されている」という、揺るぎない共通認識**です。

その認識に触れた人はきっと、「私も門屋さんの仲間になりたい」と感じるでしょうし、しだいに「門屋さんの仲間になっていない自分は、おかしいのかもしれない」とまで思ってくれるかもしれない――そのくらいの気持ちを抱かせるのが狙いです。

このように、**周囲の人たちが自然とそういう気持ちを抱き、自発的に仲間になってくれる環境をつくること、それが「仲間になりたい」と思わせる第一歩**となります。

「仲間になりたい」と思ってもらえるようになると、さまざまなメリットがあります。たとえば、自分から頼んだり聞いたりしなくても「○○でコンペがあるらしいから紹介しようか」などと声をかけてもらえたり、私が仕事をしやすいように環境を整えてもらえたりすることがあります。

仲間が増えていくことによって、どんどん働きやすくなり、結果を出しやすくなっていくのです。

「仲間になりたい」と思ってもらうために私は、クライアントや外注先など、日頃から仕事で関わっている方々との仲のよさをアピールするよう心がけています。

私の場合、雑談によって心の距離が縮まった方とは、プライベートでも一緒に食事をしたり、家族ぐるみで付き合ったりするほどに仲良くなる方もいれば、プレゼントをくださる方もいます。

さらに、こうしたエピソードを雑談の中でさりげなく伝えたり、もらったプレゼントを日常的に使用したりして、相手に「この人は愛されている人」と、それとなく印象づけるようにしています。

すると相手は自然に**「門屋さんはそんなに愛されている人なんだ」「応援される魅力がある人なんだ」と感じるようになっていきます。**

ただし、単に「リア充アピール」になってしまうと、敵をつくるだけなので要注意です。

「非リア充アピール」の工夫は160ページでもお話ししますが、それも活用して相手の好感度を高めていくといいと思います。

スイッチ

29

仕事で仲良くなった人とは、家族ぐるみでお付き合い

仕事を通じて仲良くなった人とは、オンオフの区別なくお付き合いをしています。プライベートな相談に乗ることもありますし、食事に行くこともあります。中には、家族ぐるみで旅行に行く人もいます。

こう言うと、「クライアントとの癒着では？」と怪訝に思うかもしれませんが、役職者との関係は別。私がオンオフの区別なくお付き合いするのはあくまで担当者さんレベルで、役職者とのコミュニケーションは会社の上長に行ってもらうようにしています。

あるとき、クライアントのNさんという女性の旦那さんが鳥取県のご出身ということを知ったのですが、「帰省しても、田舎だから暇だしつまらない」とお話しされていました。

そこで私は、すかさず「鳥取！　いいですね！　私、鳥取に行ってみたいんです。暇なら一緒に鳥取を見てまわりましょうよ！」とお声がけしました。

Nさんとはもっと仲良くなりたいと思っていましたし、鳥取にはちょうど、私が行ってみたいパワースポットがあったからです。

そうして私は、Nさんと一緒に鳥取に行くことになりました。

ただし2人きりの旅行ではありません。Nさんの旦那さんと、3歳になるお子さんもまじえた家族旅行に参加して、鳥取にあるNさんの旦那さんのご実家にお邪魔することになったのです。

実はそれまでに、Nさんのお子さんとはお会いしたことがありました。Nさんの誕生日に御朱印帳をプレゼントした流れで、N母子の御朱印デビューに同行。そのときに楽しい時間を過ごしたことで、お子さんとはすっかり仲良くなっていました。

そうした経緯もあり、家族旅行の仲間に入れてもらえることになったというわけです。

とはいえ、人見知りである私にとって、初対面の旦那さんやご実家の親御さんとご一緒するのは、緊張感もありました。しかし結果的には、ご家族とともに楽しい時間を過ごすことができて大満足の旅でした。

「この人ともっと仲良くなりたい」と思っても、相手がクライアントの場合は遠慮してしまう人もいるかもしれません。

しかし、**思い切って一歩踏み込んでみると、仕事のときだけではなく、プライベートでも楽しく付き合える貴重な相手になることがあります**。するとその関係は、仕事を円滑に進めるうえでも役に立ち、大きな成果をもたらしてくれるようになります。

クライアントご本人だけではなく、ご家族とも仲良くなると、当然ながらクライアントとの関係はより強固になります**「夫や子ども、親からも信頼されている門屋さん」として認識してもらえれば、それは確実に、他の担当者とは一線を画した存在**になるからです。

そうした存在感が、仕事を進めるうえでも有利に働くようになるのです。

スイッチ

30

仕事関係者との親しさアピールで、自分の価値を高める

こうして私は、仕事を通してつながった方々とはプライベートでも食事や家族ぐるみの旅行を一緒に楽しんだり、プレゼントをいただいたりと親しくお付き合いをしています。

そして、その仲のよさをいろいろな人に見せるようにしています。

人によっては、また、組織によっては、「仕事の枠を超えたお付き合いをするべきではない」「そうしたお付き合いをしていたとしても、オープンにしたりアピールしたりするべきではない」と考える人もいると思います。

しかし私は、**仕事でつながった相手と親しい関係になりそれをアピールすることは、とても効果的なブランディングになる**と考えています。

実際に私は、外注先との仲のよさをクライアントに、そして、クライアントとの仲のよさを外注先に、あえて見せるようにしています。

そうすることで、**クライアントには「外注先と信頼関係を築いているこの人なら、難しい依頼をしてもうまく話を通してやり遂げてくれそう」と感じてもらえますし、外注先には「クライアントから信頼されているこの人と仲間になることで、仕事のチャンスにも恵まれそう」と感じてもらえるようになるからです。**

私に対してそうした印象を持った両者が顔を合わせたときには、私のことが話題にのぼるかもしれません。

そこで語られる私のイメージは、必ずポジティブなものになります。

考えてみてください。クライアントと仲良くしている私のことを、外注先がクライアントの前で悪く言うはずがありませんよね。そこで語られるのは、

「門屋さんって仕事ができて優秀な方ですよね」といったような、私を好意的に評価する内容になるはずです。

それを聞いたクライアントは、私の評価をさらに高めることになります。自分の優秀さは、自分の口から伝えても意味がありません。信頼できる他者の口から語られてこそ、心に届くからです。


このようにして私は、親しくなった他者によって「優秀な人」というブランディングをさせてもらっています。

このブランディングによって、仕事の進行は格段にスムーズになりますし、さらなる仕事のチャンスを摑めるようにもなっていきます。

すると、やがて「門屋さんと仲がよい」ということが価値にもなっていきます。仲良くしているその人の価値が「優秀な門屋さんと仲良くできる人」として認識されることによって、高まっていくのです。


とはいえ、私はもともと人見知りですし、誰とでも仲良くなりたいと思っているわけではありません。仕事関係者から食事のお誘いをいただいても、やんわりとお断りをして応じないこともあります。お仕事ももちろん、どんなものでもお引き受けするわけではありません。

「この人と仲良くなりたい」という純粋な気持ちがなければ仲良くできないし、互いに敬意を持って関係を築ける相手でなければ、そして、「この人の力になりたい」と心から思えなければ、仕事はできないと考えています。

クライアントや外注先の方々と私は、同じ目標に向かって歩む仲間です。そこに、上下関係や主従関係のようなものはなく、いつでも対等です。

だからこそ、**自分を安売りするような態度はとりたくない。誤解をおそれずにいえば、「私との関係は安くない」と知っていてほしい。**私の仕事の価値を認識し、尊重し、さらには互いに高め合っていける相手とだけ、お付き合いをしていきたいと考えています。

そうすることがさらに、私自身の価値を高めることにもつながっていくのですから。

スイッチ

31

「愛されキャラ」を手に入れれば、最強の武器になる

１２６ページで述べた「仲間になってもらうための工夫」は、愛されるキャラクターであり続けるべく努力することが大前提となります。

そのうえで「自分の愛されぶり」を戦略的にアピールしていくわけです。

具体的には、雑談を振って距離を縮める（１５６ページ）、「○○さんのおかげで」と「大好き」の気持ちをこまめに伝える（１８６ページ）など、相手への積極的な働きかけが必要ですが、他にも**自分が好きなものや欲しいものは、折々でアピールする、**というのも大事です。

たとえば私は、お汁粉とどら焼きばかりを食べていた時期があるのですが、それを知った取引先の人が、お中元にどら焼きを贈ってくださったことがありました。

モノを贈るときに、「何を贈っていいかわからない」と悩んだ経験のある人は多いと思います。けれど、「これを渡せばこの人は喜んでくれる」という確信があれば、プレゼントしやすくなりますよね。

このお中元のときも、もちろん私は大喜びでもらったどら焼きのおいしさと感謝の気持ちを言葉でしっかり伝えたのですが、「すごく喜んでくれるから、また何かを贈って喜ばせたくなる」と言われたことがあります。

また、別の日には、別の取引先の方から「おいしいどら焼きが手に入ったから食べにおいで」と言われたことがありました。

私は、言われた通りに出向いて、どら焼きを食べただけで帰ってきたのですが、後日その取引先の方は共通の取引先の方に「門屋ちゃんというどら焼き泥棒娘が、おっきなどら焼き2つ食べただけで帰っていきました」というエピソードをお話ししてくださっていたようです。

そのおかげで、「おもしろい人」「かわいがられている人」という印象を持っていただけるようになりました。


少しあざとく聞こえるかもしれませんが、**「みんなから好かれている」というイメージこそ強力な武器になる**、と私は考えています。

ビジネス上の付き合いでは、相手のことをそこまで深く知る機会はないですよね。そのため、周りの評判から相手の信頼性を判断するしかない部分が大きいと思います。

繰り返しますが、ビジネスの世界では自分ひとりの力に依るところが大きいですが、だからといってひとりでは戦えません。だからこそ、**「愛される＝仲間を増やす」という武器を携えることで、どんなピンチも切り抜けられる、最強の人になれる**のです。

仲間が増えてくると、その状況そのものがさらに大きな力となります。するとよりたくさんの仲間を引き寄せられるようになり、成し遂げられる仕事がどんどん大きくなる、そんな好循環が生まれます。

私はプライベートな場では、自分から歩み寄って友達をつくることはさほどないのですが、仕事の場で殻にこもっていては何も生み出せないことは、重々実感しています。

そうして覚悟を決めて行動するうちに相手を好きになっていき、さらには相手からも好意を持ってもらうことができる、その状況を少しずつつくり上げてきたように思います。

「愛されキャラでいる」というと、あざとい策略家だと思われることもありますが、ビジネスの場においては基本的な生存戦略だと考えています。

スイッチ

32

「深くつながれる仲間」を増やせば、よい循環が生まれる

「仲間を増やす」といえば、クライアントや外注先のメンバーをはじめ、同僚や家族など、うわべの付き合いにとどまらず深い部分で常につながり合える人は、私にとってかけがえのない存在です。

とはいえかつての私は、特にミスコンのときにはたくさんの人たちに応援してもらっているにもかかわらず、その人たちに心を開ききれずにいました。なぜなのか。今になって振り返ってみれば、私自身が心を閉ざしていたからだとわかります。

当時は「自分をよく見せたい」という承認欲求が強かったため、周囲の人

たち全員が敵に見えていました。そのせいで誰にも心の内を明かすことができず、「『よい自分』を見せなければならない」「ライバルよりも上だということを示さなければならない」と考えていたのです。

その頃の私は、自分の弱さや不器用さについてもアピールをしていましたが、心をオープンにして自分を表現することはできていなかったのだと思います。

しかし、自分が持っているネガティブな一面や恥ずかしい一面を、臆することなく開示できるようになってから、いろいろな面が変わりました。

人に笑われることを恐れていたのに、**笑われることで相手と仲良くなれるなら、そのほうがうれしい、**と素直に思えるようになったのです。

この心境の変化は、仕事で結果を出し、自信を持てるようになったから訪れたのかもしれません。気持ちが変わると人との関わりかたもどんどん変わり、これまでは感じられなかったような心のつながりを実感できる仲間が増えていったのです。

そして今では、「仲間を増やす」という視点で人との関係性を築くようになりましたが、自分を愛してくれる仲間が増えると、自然とその仲間を幸せにしたい、と思いますよね。

だから、いつでも「どうすれば喜んでもらえるのか」を真剣に考えるようになりました。

ポイントは、**自分ではなく相手を主語にして考えること。**相手の立場を想像して、その人が幸せになる方法をとことん考えれば、逆算してとるべき行動が見えてくるし、あとはシンプルにそれを実行すればいいだけです。

そう考えると、仕事を通して得た仲間とのつながりによって、人生が大きく変わったことを感じます。

家族以外に私を支えてくれる人たちがいるという実感をはじめて得たとき、感謝の気持ちが生まれます。そうなると、どんなときにも彼らの味方でいたいし、幸せでいてほしい、私の仕事によって高評価を得てヒロイン（ヒーロー）になってもらいたい——この気持ちの好循環によって、仕事に対するモチベーションがおのずと高まるわけです。

スイッチ

33

クライアントのロイヤルカスタマーになる

94ページで「行ってきましたシリーズ」の話をしましたが、クライアントが運営する店舗などを客の立場で利用するのは、「行ってきました」の報告をするときだけではありません。

特に報告をする予定がないときでも、普段から意識的にクライアントのサービスを利用しています。**クライアントのロイヤルカスタマーになっているる**のです。

私は現在、美容や金融、フィットネスなどあらゆるジャンルのクライアントを担当しています。

そうなってくると、生活の中のあらゆるシーンでクライアントのサービスを利用するチャンスが出てきます。そのサービスが、もともとは私とは縁遠いものだったとしても、担当になったことをきっかけに関心を持ち、利用するようになることもあります。


クライアントの美容クリニックで施術を受け、そのときの写真を「症例写真」として提供したこともあります。

この写真は後に、クライアントの広告のランディングページに採用されることに。この写真を見た担当者さんたちはみんな笑ってくれたようで、広告がアップされた日には「このモデル、誰？ｗ」といったＬＩＮＥやチャットが殺到。あまりの反響に仕事が一瞬止まったほどでした。

私としては、こうして役に立てたことがうれしいし、いい記念になったなと思っています。

金融商品であれば、自分でいろいろな商品を買うことによってその商品への理解が深まります。実際、もともとプロモーションをしていなかったある銘柄について、「発売日前に事前に告知を出せば、反響が増えそうです！」と伝えたところ、その銘柄は見事完売御礼となりました。過去には在庫がはけないこともある銘柄だったにもかかわらず、です。

くわえて新規反響も増え、クライアントはとても喜んでくださいました。

こうしてクライアントのサービスを利用することには、さまざまなメリットがあります。

クライアントへの愛を伝えられたり、サービスへの理解を深めたりできるだけではなく、既存顧客にしか公開していない情報などをキャッチしやすくもなるのです。

たとえば、店舗ごとに独自で制作する掲示物で、各商品の訴求ポイントや店舗ごとに異なる売れ筋ランキングも把握することができます。「○○が一番売れている商品」という全体的な情報のみならず、もう少しミクロな情報も得られます。

ちなみに、掲示物に誤字を見つけた場合はさりげなく担当者に伝え、そっと修正してもらっています。これもクライアントからの感謝につながります。

また、クライアントから尊重されるようになるのも大きなポイントです。**ロイヤルカスタマーになることによって私は、クライアントにとって「お客様」の立場になります。**その立ち位置を獲得することによって、より対等な立場でやり取りができるように感じています。

スイッチ

34

相手に合わせてキャラを変えるカメレオンになる

相手との心の距離を縮めるべく、相手に合わせたキャラクターづくりを意識しています。

具体的には、真面目でお堅めの雰囲気の方に対しては、話題や言葉選びも真面目なものにします。カジュアルな雰囲気でざっくばらんにお話しする方に対しては、それに合わせて打ち解けたものにします。

相手に合わせてまるでカメレオンのように、自分を変えていくのです。

人は多かれ少なかれ、自分と似た部分がある人にシンパシーを感じるもの。

自分と同じような空気感をまとい、同じようなペースで会話をする相手であれば、心を開きやすくなるものです。

だから私は、**初めてお会いする相手のことをその場ですばやく観察し、臨機応変に自分のキャラクターを設定する**ようにしています。

相手に合わせて躊躇なく自分を変えていくので、ときどき「本当の自分って、一体どんなキャラクターなんだっけ？」と思うこともあります。

その答えは今もよくわかりませんが、私はそれでいいと感じています。

私と関わってくださるたくさんの方々のおかげで、今の私がある。大切な方々との出会いに恵まれ、深くつながってお役に立つことができている。

それは、この上なく幸せなことだと思うからです。

ただし、このカメレオン的なキャラクターのせいで、ときには困った状況になることもあります。

これは、先日行われた食事会での出来事です。新規案件のキックオフということで食事会が開催されたのですが、先方のキーマンの到着が遅れており「もしかしたら今日は来られないかも」と伺っていました。

そこで、スタートから参加している私は、その場にいる方々に合わせた振る舞いをすることにしました。元気に飲むタイプの陽気な方々が多かったので、私もそのキャラクターに合わせたわけです。同僚にこのタイプの方々が多いということは、ともに働いているそのキーマンも、同じようなキャラクターの可能性が高いだろうというのが私の予想でした。

ところが驚いたことに、遅れて到着したキーマンはまったく違うキャラクターでした。とても真面目で落ち着いたテンションの方だったのです。「キーマンの心も摑みたい」と思っていた私は、思わぬ誤算に「しまった！」と焦りました。

しかし、時すでに遅し。途中からキャラクターを変えるのはさすがに不自然ですよね。仕方なく、同じ場にいた同僚に「キーマンとの懇親、今回は頼んだ！」と託して、私の代わりに担当になってもらいました。

相手のキャラクターに合わせて自分を変えるのは、対面のときだけではありません。メールなどのテキストコミュニケーションでも徹底しています。

丁寧な長文を書かれる方なのか、簡潔な短文を書かれる方なのかなどを、よく見て合わせるようにしています。文面のテンションはもちろん、返信の頻度やタイミングなども大切ですね。

ただし、**どんな場合でも心がけているのは「相手よりも少しだけ手厚い内容にする」ということ。**

文章のトーンや長短は相手に合わせたうえで、相手よりも少しだけ丁寧さを上乗せした内容をお送りする。そうすることで、親近感とともに敬意も受け取っていただけるはずだからです。

そうした心遣いを積み重ねていくことが、信頼関係の構築につながっていくのです。

第4章

こう会話すれば うまくいく

会話術編

スイッチ

35

雑談を振って距離を縮める

ビジネスでは、初めて会った相手にはその後、ご挨拶のメールを入れるのが定番ですよね。

一般的には「今後ともよろしくお願いいたします」といった内容や、実務に関する連絡をすることが多いと思いますが、それは悪手。

私がやるのは**「雑談」**です。

最近では、チャットワークやＬＩＮＥなどのＳＮＳでコミュニケーションをとる機会が増えました。私もお客さんとは各種のＳＮＳをフル活用してやり取りしています。

SNSの大きなメリットは、即レスしやすいこと。メールであれば「お世話になっております」といった挨拶などが必要ですが、SNSであれば用件だけを簡潔に伝えてもOK。相手によってはスタンプで返事をしてもかまいません。

この強みを生かして、**お客さんと気楽におしゃべりする感覚で雑談が盛り上がれば、しめたもの**です。

たとえば、あるお客さんには「クオカード500円分、懸賞で当たりました☺」とひと言だけメッセージを送ったことがあります。

こう送られてきて、「だから何?」と思う人もいるかもしれません。けれど、取るに足らないやり取りを積み重ねていくことが、信頼関係の構築に役立つものです。

なぜか?――それは、**この種の雑談は、「あなたと私という人と人とのやり取りがしたい」という意思表示になる**からです。

雑談を振ることは、ささやかな自己開示であり、同時に相手への関心を明らかにすることでもあります。こうしたやり取りの蓄積によって、関係性が深まっていくのです。

雑談を振るときのポイントは、**初回のコンタクト時には、返事をするのが負担にならないようリアクションしやすい内容にする、**ということ。長文すぎたり内容が重すぎたりすると、相手は気を遣って疲れてしまいます。だから、**サクッと返事ができて、そのときにクスッと笑えるような内容が理想的**です。

その意味では、「クオカード500円分、懸賞で当たりました☺」であれば、返事は「よかったね☺」のひと言でも十分です。

たしか実際の返事では、「500円でそんなに喜べるんかいw」とツッコミが入り、その後も「歯磨き粉のアンケートに答えたら当選したんですよー」「忙しいのにそんなことする時間はあるんかw」と、思った以上に会話が続き、盛り上がりました。

仕事の相手とこんなやり取りができるのは、心の距離が相当に縮まっている証拠です。

スイッチ
36

非リア充アピールで「マウントをとらない宣言」をしておく

「クオカード500円分の懸賞に当たった」というような、ちょっとした喜びを雑談の話題にするのは、**「こんなささやかなことで喜びを感じるキャラクター」**として私のことを認識してもらいたい、という意図もあります。

たとえば、「たなぼたで500万円を手に入れて喜んでいる人」と「500円で喜ぶ人」を想像してください。前者よりも後者のほうが親しみを感じられるし、気軽に付き合えそうな印象ですよね。

一方、「たなぼたの500万円に喜ぶ人」と認識されてしまうと「ラクして儲けた」と受け取られ、無駄に妬まれる恐れもあります。

あなたの周囲にも、「相手に一目置かれたい」「マウントをとっておきたい」といった、自分の幸運やハイスペックさ、リッチさをやたらと示そうとする人がいませんか？　このタイプの人は、本人に悪気がなくても総じて「マウントをとっている」ととられがちで、疎まれてしまうことが多々あり、相手との心の距離を縮めることはなかなかできません。

相手と距離を縮めて親しくなるには、「あなたに対して、マウントをとっていないよ」というアピールが必要です。具体的には、自分の立ち位置をあえて低くするのです。

私は最近、お客さんの前で「我が社のエースです」と紹介され、相手にかまえられてしまうことがあります。そんな状況ですからなおさらのこと、**意識的に立ち位置を下げて「親しみやすい人」と感じてもらうようにしています。**

特に同性同士の場合は、ちょっとしたことが嫉妬の種になり、トラブルに発展しがちです。だからこそ、**リスクが高い「リア充アピール」よりも、「非リア充アピール」が得策**なのです。

スイッチ

37

相手の情報はなんでも貴重、徹底的に引き出す

私は、クライアントの担当者さんとは常に雑談でつながっていたいと考えています。その大きなメリットとして、**ビジネスライクなやり取りでは得られない貴重な情報を得られる、**ということがあります。

その前提として、**どのパートナー企業の担当者よりも深い愛を持って、クライアントのことを理解するよう努力しなければなりません。**

具体的な方法としては、クライアントが提供しているサービスはもちろん、競合他社のサービスを利用することが第一歩です。それによって競合との差

分を知り、クライアントの理解を深めることができるからです。

あくまで個人的な自主的な活動であるために自費で利用していますが、これについては95ページで詳しくお話しした通りです。


もうひとつ、クライアントのウェブサイトには隅々まで目を通します。公式サイトはもちろん、外部の採用サイトやメディアに掲載された記事なども徹底的にチェックするのです。中でも必見なのは採用サイトで、公式サイトには出ていない裏情報が盛り込まれていたり社員インタビューが豊富だったりする情報の宝庫です。

その他、公式YouTubeチャンネルや公式ＳＮＳアカウントにもクライアントの個性があらわれますから見逃せません（最近は、新しいクライアントの公式YouTubeチャンネルに３００以上の投稿があることを知り、すべてに目を通しましたが、さすがに時間がかかりました）。

ただしこうした情報は、検索さえすれば誰でも、つまりは競合他社でも入手できる情報で、基本中の基本といえます。ここで差をつけたいなら、やはり雑談です。**雑談は、他の人は知り得ない有益な情報を得られる最強のツールなのです。**

雑談では、基本的に仕事の話はしません。157ページでお話ししたように「クオカード500円分の懸賞に当たった」「浜崎あゆみのこの歌、聴いたことあります？」などなど、他愛ない話題がメインです。

そうしてリラックスした空気の中で常にコミュニケーションをとり続けていくと、**その流れの中で思わぬ情報に出会えることが多いのです。**

たとえば、クライアント企業が今、どんな課題を抱えているのか、あるいはどんなデザインが好きなのか、これまでのテスト施策の結果やナレッジ――こういったものがぽっと話の中で出てくるのです。

知っておくことで、より効果的でスムーズな仕事ができるようになる貴重な情報を、自然と入手できる。さらには、その中で気になることがあれば、気軽に質問することもできます。

つまり雑談によって、成果を出すための**重要な情報を誰よりも早く直接手に入れる**ことができるわけです。

雑談から得られるのは、仕事に関わる情報だけではありません。担当者さんのプライベートな部分に踏み込めるのもメリットの一つです。

「仕事上の付き合いなんだから、ビジネスに関係のない情報は不要では？」と感じる人もいるかもしれません。しかし、担当者さんの好きな食べものや本、テレビ、映画、芸能人などを知ることは大いに役立ちます。

雑談を通してやり取りをしていると、その人の内側にある人間らしい一面が見えてくるようになります。すると相手のことをどんどん好きになっていき、**「この人のために頑張ろう！」という意欲がどんどん湧き出てきます。**

ビジネスの型にはまった付き合いを続けるよりも、そのほうが人間らしくて楽しいのではないかと私は思っています。

スイッチ

38

話題に困ったら「『バチェラー』観ていますか？」

雑談の効能についていろいろとお話ししてきましたが、「そんなに簡単に話しかけられない……」という人もいるでしょう。

雑談って、最初から盛り上がるのは難しいものです。ここでポイントとなるのが、**話題選び**です。

たとえば恋愛は、私が雑談でよく取り上げる話題の一つ。相手や自分の恋愛について話すのももちろんいいのですが、放映中の恋愛リアリティ番組をネタにするのがおすすめです。

一時期は、**「『バチェラー』観ていますか？」**という質問をよく投げかけていました。実は、**この問いに対する相手のリアクション一つで、相手のさまざまな面を知ることができるのです。**

たとえば、私が投げかけた「観ていますか？」に対する答えが「観ています」の場合、その人は恋愛談義が好きなタイプ。『バチェラー』の放送内容のみならず、恋愛関係の話題で一緒に盛り上がることができるでしょう。

一方で「観ていません」と答えた場合は、だいたい2パターンに分かれます。「観ていないけれど興味がある」「知らないので教えて」という前向きな反応を示す人なら、恋愛トークにポジティブであるか、私に対して少なからず好意を持ってくれている可能性が高いと思われます。

ですから私が『バチェラー』のおもしろさを熱く語り、いずれ実際に観てくれるようになれば、その後は『バチェラー』談義が弾むこと間違いなし。これで、相手と一緒に盛り上がれる共通の話題を得たことになりますね。

恋愛にまつわる話が好きということは、自分や相手の恋愛を話題にするのもいいかもしれません。ただし自分の恋愛について話すときに注意すべきは、「こんな素敵な彼氏がいます！」といったリア充な内容はNGということ。

ここでも有効なのは「非リア充アピール」で、気兼ねなく笑える恋愛失敗談や「好きな人ができたんですよ」という片思いの話であれば、楽しく聞いてもらえると思います。


最も対応が難しいのは、「観ていません」のもう一方のパターンの場合。「観てもいないし、特に関心もない」という、あまり反応がよくない人の場合は、そもそも恋愛話に興味がない可能性があります。

ただしこの質問の狙いは必ずしも、相手と恋愛談義をすることではなく、「どんな話題を好むのか」を知ること。ですから、「この人は恋愛トークに興味がない」と判明したことを大きな収穫と捉えればいいのです。

その後は恋愛以外の話題を投げかけて、相手の好みを探っていきます。

「相手の情報を徹底的に引き出す」と通じますが、相手が好きな話題を知るためにはその人のFacebookをチェックしたり、周囲の人に聞いてみたりするのが一番です。

その人が好きなもの以外にも、どんな性格なのか、出身地や学歴なども含めて、少しでも多くの情報を得たいところ。そのうえで、たとえばゴルフが好きだとわかれば、ゴルフの話題を持ちかけてみるといいでしょう。誰だって、好きなことについて語るのは楽しいですよね。

もしも自分がゴルフに詳しくないのなら「興味があるので教えてください」というスタンスで話を聞きます。

ただしこのとき、**「まったくの初心者」でいるのはNG**。たとえ好きなことであっても、知識がまったくない人にゼロから教えるのはなかなか大変です。

少なくとも「ある程度は知っている」という状態で、雑談に臨みましょう。そうすれば相手も話しやすくなりますし、その状態でわからないところを質問すれば、かなりの確率で喜んで答えてもらえるはず。気持ちよく会話が弾むようになるはずです。

スイッチ

39

話題選びの鉄則は「相手が楽しく語れるテーマ」

雑談成功のカギは、相手が自信を持って楽しく語れるテーマを把握すること。

「『バチェラー』観ていますか？」は、いわば、そのテーマが恋愛なのかどうかを知るための質問です。

相手に合ったテーマが見つかれば、あとはそこを切り口にして話しかけてみればＯＫ。**相手にとって最も語りやすく、心地よくなれるテーマを知ったうえで、戦略的に臨みましょう。**

169ページで「相手がゴルフ好きなら、ゴルフの話題を持ちかけてみる」と話しましたが、実際にゴルフをやってみると、相手との心の距離が縮まります。

打ちっぱなしに行くなどして少しでもゴルフに挑戦して、その経験を相手に話せば、「自分の話をしっかり聞いてくれていたんだ」「自分の好きなことに興味を持ってくれたんだ」と感じ、親密さが増します。

こうして新たな挑戦をすると、自分の世界を広げることにもなります。

たとえば私は、やはりクライアントとの雑談がきっかけでゲームをするようになりました。それまではゲームに興味はなかったのですが、試しにやってみると想像以上におもしろかったのです。

相手と共通の好きなことが増えていく、楽しいことを新しく発見できるというのも、雑談の大きな魅力だと思います。

もうひとつ、私が「相手の好きな話題」で雑談をしたときの具体例をご紹介しましょう。

クライアントの担当者さんに、ベンツが大好きな人がいました。その人に対して私は何の脈絡もなく、「歩いていたら、ベンツ修理専門店を見つけて、○○さんのことを思い出しました！」とメッセージを送ったことがあります。休日の旅行中に偶然見つけたベンツ修理店のことを、その人に伝えたくなったのです。

そんなメッセージを送られたところで「だから何？」と思うかもしれません。しかしそのときは、私からの突然のメッセージに対して「え、どこで？」とリアクションがあり、その後は私が「○○です！　今、家族で旅行に来ていて……」などと返し、自然と会話が続きました。

こうしたちょっとした会話を繰り返して心の距離を縮め、やがていろいろな話ができる関係性へと発展していったのです。

こうして「相手の好きな話題」を持ち出すことは、「私はあなたの好きなものをよく覚えているよ」「あなたに関心があって、コミュニケーションをとりたい」「私の頭の中はあなたでいっぱいだよ」というアピールにもなります。

簡単ですがぜひ実践していただきたい「雑談のコツ」の一つです。

スイッチ

40

「笑える自分」をさらけ出す

雑談の狙いの一つは「相手を知ること」ですが、それと同じくらい重要なのが、「自分を知ってもらうこと」です。

ただし、ここで知ってもらいたいのは「マウントをとらない自分」、言ってみれば「笑える自分」です。

優位な立場をとらない「笑える自分」、かつ、「取り繕わないありのままの自分」――そんな自分を見せることができれば、相手の警戒心が解けるので、一気に親しくなれます。

「マウントをとらない、笑える自分」として、私はドジな面を見せて相手を笑わせることがよくあります。

あるときは、相手先に徒歩で向かっているときに遅刻しそうになり、「向かい風なので遅れそうです」とメッセージを送信。先方は「風を遅刻の言い訳にするのか！」と笑ってくれました。

その日は実際にとても風が強い日でしたし、私は過去にそのクライアントに向かう道中で事故に遭ったことがありました（本当の話です）。そんなこともあり、先方からは「無事に来てくれさえすれば遅刻しても大丈夫ですよ（笑）」とお返事をいただき、お叱りを受けることはありませんでした。

これはもう6年も前の出来事なのですが、今でも語り草になっています。このクライアントも、誰かから「遅れそう」という連絡をもらうたびに、「事故らないように来てくれれば大丈夫です。本当に事故に遭った人を知っているので（笑）」と、私のことをネタにしてくれているようです。

すると「誰の話なんですか？」と会話が続き、「え？　門屋さんってそんなにとんでもないお転婆娘なの？」といった感じで、私の知らないところで

「おもしろい人」「会ってみたい人」として認知してもらえて、チャンスが広がっていきます。

担当者さんとの距離が近づきつつあるのを感じたら、もっとたくさん笑ってもらって、さらに距離を縮めたいところです。そんなときに私がよく話すのが、シャワーを浴びながらリンゴを食べるという習慣の話です。

私はリンゴが大好きなのですが、皮を剥いてカットして……というのはけっこう大変。食べたあとに包丁やお皿を洗うのも面倒ですよね。そこで皮を剥かずに丸かじりするようになったのですが、そうすれば果汁が飛び散り、服やテーブルが汚れます。ただでさえ忙しいのだから、その始末に無駄に時間をかけるというのは、時短を追求している私にとっては深刻な問題です。

そして思いついたのが、「シャワーを浴びながらリンゴを丸かじりすれば、最小限の時間ですむのではないか」ということでした。

私は試しに、シャワーを浴びるときにリンゴを持ち込み、髪を流しながら食べてみました。シャンプーやトリートメントを洗い流すとき、シャワーヘッドを髪に向けて固定して髪をゆすぎながらリンゴを丸かじりすれば、どれだけ果汁が飛んでも大丈夫。リンゴを食べた後はそのままバスルームで歯磨きをし、顔や体も洗ってしまえば、無駄な汚れものも発生しません。そのうえ短時間ですみますから、最高に効率がいい方法だと自分では大満足です。

私はこの習慣をたびたび人にすすめているのですが、100%ぎょっとされる、というか笑われます。残念ながら今のところ、実際にトライした方はいないようですが、話せばいつも大笑いしてもらえるので、それもこの習慣を続けるメリットなのかなと思っています。

一緒に大笑いすれば、心の距離は一気に縮まります。そのためには、「人とは違うところ」「おかしなところ」を自分からさらけ出し、思いっきり笑ってもらうようにすれば早いのです。

特にこのシャワータイムの話に関しては、大笑いしてもらえる鉄板の話題。それと同時に、「徹底的に効率を重視する」という私の性格を理解してもらううえでも、大いに役立っています。

スイッチ

41

自分をさらけ出せば、相手も話しやすくなる

まずは自分をさらけ出す、それが、信頼関係を築きたい相手に対して私が心がけていることです。

しかしこれは、「私のことを理解してほしい！」という思いで自分の話ばかりすることではありません。**あくまでも相手を主役として立てながら、相手が楽しめるような配慮をしつつ、自分をさらけ出していく**のです。

クライアントの満足度が高い施策を実現するためには、豊富な情報が不可欠です。162ページでもご紹介したように、ありとあらゆる情報に触れて

こそ、成果につながる提案ができるようになります。

できることなら公になっている情報だけではなく、他の人は入手していない情報もがっちりと摑んで、施策に生かしたいところです。

ただし、そうした情報は誰でも簡単に引き出せるものではありません。揺るぎない信頼関係を築き、「この人になら話しても大丈夫。話したい」と思っていただけてこそ、得られるものです。


そこで効果的なのが「自分をさらけ出す」こと。自分が好きなもののこと、思い悩んでいること、後悔していることなど、どんなことでもかまいません。**等身大の自分をさらけ出して、相手が踏み込みやすい状態をつくる**のです。


たとえば私は『名探偵コナン』が大好きなので、雑談の中でコナン愛を語ることがあります。

そうすると相手も自然と、自分が好きなものに関して語りやすくなります。

腹を割って先に自己開示をすることで、相手もそれに続きやすくなりますし、人によっては、同じように心を開いて語りたいという気持ちになってくださることもあります。

先日も、私が過去にコナン愛を語ったことがある方が、思いがけずコナンに関連する雑談を持ちかけてくださったことがありました。実はその方もコナンが好きだったそうで、コナン談義に花が咲きました。

もしも私が、過去にコナン愛を語っていなければ、こんな楽しい展開にはならなかったはず。**先に私が語ってみせたことで「この人にならを自分をさらけ出して語っても大丈夫」と思ってもらうことができ、そのおかげで新たな一面を見せてもらえた**わけです。

ちなみに、もうひとつコナンに関するエピソードがあります。

私のコナン愛はもはや広い範囲に知れわたっているのですが、あるときコナンの新作映画が公開されるというので、「一緒に行きましょう！」と幅広く声をかけたところ、なんと9人が集まってしまいました。当初は、「とはいえ集まるのは、せいぜい4人かな……」と思っていたので、予想以上です。結果として楽しい時間を過ごすことができたのですが、これだけの数の大人が連れ立ってコナンの映画を観に映画館に行くなんて、はたから見れば異様な光景だったかもしれません。

コナンの話が盛り上がったところで、仕事の役には立たない。そんなふうに思われる方もいらっしゃるかもしれません。

しかし、こうした雑談が信頼関係の構築に役立ち、ひいては貴重な情報を入手するためにも一役買ってくれるようになるのです。

スイッチ

42

「愚痴をこぼし合う」という特別感ある関係づくり

心の距離を縮めるためには、自分をさらけ出すことが有効ですが、そのときにあえてネガティブな面を表に出すと、強力なインパクトがもたらされて効果的に働くことがあります。

中でも愚痴は、思いのほか効果的です。

愚痴をこぼすことによって、相手によくない印象を持たれてしまうのではないかと、心配する方もいらっしゃるかもしれません。

もちろん、相手の気持ちを重苦しくさせてしまうほどの愚痴は考えものです。しかし「ちょっとした悩みが、思わず少しこぼれ出てしまった」という程度のものであれば、多くの場合、問題はないでしょう。

辛くて辛くて耐えきれない気持ちでこぼす愚痴ではなく、話すまでもないようなライトな愚痴を、あえてこぼす。

たとえば、「私がこんなに急いでいるのに、外注先から全然返事が来ないんだよね。昼寝してるのかね」と笑いながら言うようなイメージです。

そんなふうにして「どうでもいい愚痴」を何度かこぼしていると、相手は私に対して「どうでもいい愚痴をこぼすほど、心を開いてくれているんだな」と感じるようになります。

そして、愚痴をこぼしてくる私に対してなら、自分の愚痴も聞いてもらってもいいのではないかと思うようになります。

「この前は私が愚痴を聞いてあげたから、今度は聞いてもらおう」——そんなふうに思ってもらえるようになるのです。

だから私は、自分を「愚痴のはけ口」として認識してもらうべく、意識的に愚痴をこぼしています。

どうでもいい愚痴をこぼし合える関係というのは、安心して付き合える相手として互いを認識していてこそ、成立するもの。そんな関係が築けていれば、当然ながら、愚痴のみならずさまざまなことを、腹を割って話すことができます。

進行中のプロジェクトで気になることがあれば、すぐに確認することができますし、社内でどのような動きがあるのか、今後どのような展開を考えているのかといった非公式な情報も、耳に入りやすくなります。

私は、そうして得た情報をうまく生かして、相手の利益を大きくしていきます。相手は、そうした利益を受け取ることで私への信頼をますます厚くして、さらなる情報を与えてくれるようになります。

「愚痴をこぼし合う」という親密な関係性は、このようにして双方の利益につながっていくというわけです。

私にとってこうした関係づくりは、仕事で成果を上げるために欠かせないものです。ただし、それだけではありません。仕事関係者の中には、私の人生にとって欠かせない大切な人たちがいます。そうした人たちのおかげで今の私があることを実感しています。

だからこそ、私は愚痴をこぼします。大切な人にこそ、どうでもいい愚痴をこぼし続けています。

それは、**大切な人が困ったときや思い悩んだときに、気負いなく愚痴をこぼせる相手でありたい**という願いがあるから。

恩人が苦難に見舞われているときには、迷わずすぐに、私にＳＯＳを出してほしい。そして私に手を差し伸べさせてほしい。

そう思うからこそ、私は愚痴をこぼし続けるつもりです。

スイッチ

43

「○○さんのおかげで」と「大好き」の思いをこまめに伝える

人の気持ちは、言葉にしなければ伝わらないことが多いものです。だから私は、相手に対してしっかりと自分の気持ちを伝えたいと思っています。

中でも**「○○さんのおかげで」と「大好き」は、オーバーなほど表現する**ことを心がけています。

私が日頃お付き合いをしているのは、企業における広告宣伝の担当者さん。担当者さんとは基本的に雑談でつながり、常にやり取りをしていますが、その中でことあるごとに「○○さんのおかげで」「ありがとう」の気持ちを伝えるのです。

一番強く届けたいのは「私がこんなに頑張れるのはあなたのおかげ」という感謝の気持ち。

そして、担当者さんの同僚、中でも上司の方には「私がこんなにうまくやっていけるのは、◯◯さん（担当者さん）のおかげなのです！」としっかりとアピールをしています。

先にお話ししたように、**私の仕事の目的は、担当者さんの社内評価を上げてヒロイン（ヒーロー）になっていただくこと。**そのためには、**広告運用の成果を上げることはもちろん、担当者さんの実力や努力を社内で周知させるのが最も効果的**です。

「大好き」という気持ちもまた、常に相手に認識してほしいものの一つです。

私は広告運用の担当者として、オンオフを問わず、とにかくいつでも、クライアントのサービスと担当者さんを愛しています。ですから私はいつも「あなたたちのブランド（サービス）が大好き！」という気持ちをストレートに表現します。

「記念日を覚えておく」というのは、「大好き」の表現方法のわかりやすい例です。

「あなたたちのおかげで私は幸せ」「『あなたたちが大好き』という私の思いを知ってもらいたい」という気持ちがあれば、記念日は自然と覚えられるものです。

私の場合は、取引開始日やブランドのリリース日、担当者さんの誕生日など、ちょっとした記念日を忘れないようにしてお祝いの気持ちをあらわすようにしています。自分のスマホのパスワードを取引先の店舗の開店日にしたこともあります。こうすることにより、忘れないですし、何かの拍子に「そういえば、私のパスワード、○○なんですよ！」とさりげなくアピールできるチャンスも来たりして、一石二鳥です。

大げさにお祝いをすると相手の負担にもなるので加減は必要ですが、「今日は○○の日ですね！」などとお伝えすると、「自分たちのことを大切に思ってくれているんだ」と感じてもらえて、好感度が上がります。

あざとく思われるかもしれませんが、ここで言いたいのは**「大好き」「○○さんのおかげ」という心からの気持ちがあれば、それは自然と行動にもあらわれる**ということです。

記念日を覚える他には、たとえばクライアントのブランドで、オールナイトのイベントが催されたとき。自分の仕事とは一切関係がなかったのですが、私は無給でヘルプに行きました。無理して行ったわけではなく、**大好きだから一緒に思い出をつくりたい、**という単純な欲求があったからです。

他にも、ＬＩＮＥやチャットワークなど担当者さんと連絡をとるときに使うツールのアイコンを、担当者さんと一緒に撮った写真やブランドのキャラクターにしたこともあります。

過去には、クライアントのブランドのロゴ入りＴシャツを着用して外出したところ、知らないうちにその様子を誰かにＳＮＳで投稿され、エゴサしていたクライアントに発見されたこともあります。このときは「歩き回る広告塔」と笑ってもらえて、もちろん広告効果もあるし、自分からアピールをしていないにもかかわらず、相手への愛を伝えることができたよい機会でした。

このときの私の愛情表現は、クライアントの社内はもちろん、その競合や代理店の人たちの間でも知れわたりました。

この話には後日談があります。この出来事からしばらくして、同業の広告代理店で仲の良い人から、次のように言われました。

「この前、うちの広告主さんに、『○○社の広告を担当している門屋さんは、○○社の企業Tシャツを着て街を歩いているらしいな。君はやってくれないのか？』と言われちゃいましたよ。門屋さん、ほんと勘弁してくださいよ（笑）」

私としては大したことをしているつもりはないのですが、知らないところで反響を呼んでいるところを見ると、意外と喜んでもらえるみたいです。

相手を好きだと思うなら、わかりやすくそれを伝えればいいのだ、と私は思います。

自分の気持ちは、言葉や行動ではっきり示さなければ伝わりません。**「好き」や「〇〇さんのおかげ」をあからさまに、わかりやすく伝えることには、何もデメリットはない**のです。

スイッチ

44

「定型文じゃないメッセージ」で心を掴む

ＬＩＮＥやメールなどのテキストコミュニケーションでは、即レスの他にもうひとつ、大切にしていることがあります。

それは「定型文じゃないメッセージ」でやり取りをするということ。そのときの相手にぴったりな、心に響く文章を考えて送信するようにしています。

あるとき私は、配信記事の誤植を指摘され、すぐに先方に連絡を入れました。そのときの内容はもちろん、「申し訳ございません。確認しまして、至急停止します」といった定型文ではありません。
具体的には、このような文面をお送りしました。

> ○○様
> このたびはご迷惑をおかけして、申し訳ございません。
> ご指摘の記事は私がチェックしたものであり、私が見落としをしていました。
> 申し訳ございませんでした。
> メディアも掲出チャネルも把握できているので、至急停止依頼をかけます。

定型文ではない文章で、なおかつ、しっかりと状況把握をしたうえで自分のミスを認め、真摯に謝罪したのです。

そうすることで、クライアントの気持ちに寄り添うこともできましたし、現場の状況を私がすべて把握しているということもアピールできました。そのおかげで、施策の停止も信頼感の失墜も防ぐことができたのです。

それからこれは、クライアントのHさんの退職を知ったときに私が送ったメールの一部です。

> H様
>
> お世話になっております。MAVELの門屋です。
>
> Hさんのご退職は、私にとって大きな衝撃でした。本当に悲しいです。Hさんはいつでもかっこよく、私の憧れでした。貴社を訪問しはじめた頃にHさんと廊下ですれ違うときにはいつも「私もこんなふうにスーツを着こなしたいな」と思っていました。

Hさんと一緒に目標を追うことになったときには、「Hさんの期待に応えられるだろうか。失望されないだろうか」とドキドキしていました。「Hさんに褒められたい」という気持ちが、ハードな日々を走り抜ける燃料になっていました。


でも……。大好きなHさんとの思い出、これだけでは全然足りません。悲しすぎて涙が止まりません。

しかしHさんには、新天地での挑戦が待っています。

私はこれからも、Hさんのご活躍をお祈りしています。

Hさんと私は、これでお別れではないと信じています。

これまで本当に、ありがとうございました。


実は私は、Hさんの退職を聞かされたとき、ショックのあまり泣き出してしまいました。その後、私がHさんに送ったのがこのメールです。

後日、Hさんは「また、門屋さんと取引できるよ～」と連絡をくれました。光栄なことに、退職後の新たな勤務先から私に発注してくれたのです。

ほかにも、年末のご挨拶として次のようなメールをクライアントにお送りしたことがあります。

御社が何時から年末最後の会議があるかわからなかったので、先にご挨拶です!!
本年も本当にありがとうございました!!
今年は担当となってから3年目となりますが、マンネリするどころか常に刺激的なので、倦怠期知らずです☺
数ヶ月前には前担当のKさんがご退職され、御社への愛が半減するのでは?という個人的な心配も抱えておりましたが、
いま担当してくださっているSさんががっつり私の心を摑んでくださ

り?、このまま2030年くらいまで夢中でいられそうです!!
来年は安定期に入って、質改善したいな、って思っています。3年前はどちらかというと質改善を主としていたのですが、最近すっかりCPAと件数調整になっているので、予算についてROAS改善の動きをしていけるようにしたいです。
来年もよろしくお願い申しあげます☺

年末のご挨拶として定型的なメール送付は多いと思いますが、自分の気持ちを素直に伝えるほうが、きっと相手の心に残るのではないでしょうか。

定型文はとても便利です。しかし、**相手に寄り添ったオーダーメイドのメッセージには、受け手の心を動かす力があります。**

だからこそ私は手間暇をかけて、自分の言葉でメッセージを送りたいと思っています。

スイッチ

45

退職する人への挨拶は、絶好の営業チャンス

退職するHさんへの挨拶は、その後、Hさんの新たな勤務先からの受注につながりました。そうした経験から気がついたのは**「誰かが退職するときは、営業のチャンスでもある」**ということです。

このタイミングで相手にコンタクトをとり、良好な関係を継続できるようアピールしておくことは、転職先にいるその人に営業をするようなもの。取引先を一つ増やす可能性を秘めているということに気がついたのです。

退職する人にしてみれば、新たな勤務先でも頼れる外注先がいてくれると

心強いですよね。そうした「頼れる外注先」として、すぐに私を思い出してもらいたい。

だから私は、退職のお知らせをいただくと必ず、心を込めた手厚いお返事をするようにしています。そしてできれば、**送別会を開くなどしてお会いする機会をつくり、いろいろとお話をしたり退職後の連絡先をお聞きしたりして、これまで以上に仲良くなりたい**と思っています。

過去にお世話になったある担当者さんから、最終出社日の20時頃に「退職のお知らせ」のお電話をいただいたことがありました。

異動し、最近疎遠になっていたとはいえ、かつてお世話になった担当者さんの突然のお知らせに悲しみを隠せなかった私は、次のような言葉を投げかけました。

「どうして、今そんなこと言うんですか⁉　遅すぎるじゃないですか。まだ送別会もしてないのに‼」

そして、すぐさまＬＩＮＥでつながって連絡をとり、送別会を開きました。

送別会では思いがけず「退職したからこそ話せること」を、聞かせていただくことができました。

退職する会社のことも、新たな勤務先のことも、在職中には話しにくいものですよね。でも、退職後であれば問題はありませんから、お話しいただくことによって貴重な情報を得ることができます。

そしてもちろん、**新天地からの発注を得られるようにアピールすることもできる**のです。

新たな取引先を開拓するのは、簡単なことではありません。そのうえ新たな取引先とは、ゼロから信頼関係を築いていかなければなりません。

その点、退職する人への営業であれば難易度はぐっと下がります。すでに信頼関係を築いている大切な人に向けてなら、気持ちを伝えやすいからです。

しかも、そうしたステップを踏んだうえでの取引は、初見の人との取引よりもずっとスムーズです。

「大切な人とつながり続けていたい」という気持ちでとった行動が、新たな取引先の開拓になり、さらには、その人とともに大きな結果を引き寄せることにもつながっていくのです。

スイッチ

46

雑談力を磨けば「売り上げ10倍」も不可能じゃない

とにかく雑談を重視する私ですが、その重要性に気づいたのは、入社2年目に出会ったクライアント担当者のKさんがきっかけでした。

私はその企業の広告運用を任されていて、彼女は私と同年代。いつも一生懸命に仕事に向かう姿勢がかっこよくて、そのうちに「私もこの人のように仕事をしたい！」「仲良くなりたい！」という気持ちを抱くようになりました。

仕事を続けていると、**仕事の垣根を越えてプライベートでも付き合いたい人が出てくる**ものです。彼女は私にとってはじめて、ビジネスでもプライベートでも付き合いたい、と感じた人でした。
実際、彼女が退職してからプライベートで遊びにいく仲になり、今では「親友」といえる存在です。

当時のことに話を戻しましょう。Ｋさんは私が提案した施策に反響があると、必ず「門屋さんのおかげ」と、社内で報告してくれていたようです。私が担当を外れるかもしれない状況になったときには、当時の弊社代表に対して「この仕事は門屋さんにお願いしている。門屋さんが担当じゃないと意味がない」と直談判してくれたこともあります。
そうした経緯もあって私は、「彼女に必要とされているんだ！」とうれしくなり、ますます彼女が好きになりました。そして、「私じゃなきゃできないことがあるんだ」「私にしかできないことをやるぞ！」という気持ちが強くなっていきました。

けれど、あるとき彼女がチームメンバーとの会話の中で、「私たちがどんなに頑張っても、褒められるのはいつも他の部署なんだよね」とこぼしているのが耳に入ったのです。

「私にとって大切な存在であるKさんが、社内で十分に評価されていないなんて！」――これは私にとって由々しき問題でした。そして、

「Kさんの評価が上がるように、私が圧倒的な成果を出してみせる。そうして彼女を、社内のヒロインにしよう」

という考えに至り、奔走がはじまったのです。

Kさんをヒロインにするために、まず私が何をしたか。最初は情報収集でした。

彼女の会社の事業内容はもちろん、改めて提供しているサービスやその業界のこと、そして、彼女が社内でどんな立場に置かれているのかについて。さらには、彼女がどんな思考の持ち主なのか、今どんなことに悩んでいるのか、どんな目標があるのか、何が好きで何が嫌いなのか、彼女の会社ではどんな結果を出せば評価されるのか……。とにかく徹底的に探りました。

どうすればKさんをヒロインにできるのか。そのヒントは、些細な情報の中に隠れているかもしれない――だから私は、些細なその情報を得るために、彼女との付き合いをプライベートにまで広げました。

そして雑談を重ねて、あらゆる情報を手に入れたのです。

たとえば雑談の中ではときおり、彼女の勤める企業の動向を垣間見ることがありました。「今後は○○を強化する予定」といった話が雑談中に少しでも聞けると、私は先回りしてその分野の市場調査をするなどして備え、すぐに動き出せるようにしていました。

このようにして雑談の中から情報を拾い上げ、効果的に立ち回るようになったおかげもあって、私が提案した施策はどんどん成果を上げるように。最終的に彼女の会社に対する私の売り上げは、**取引開始月の約10倍になりました。**

私はKさんとのこうした経験のおかげで、雑談を大切にすれば成功のきっかけを摑める、ということを知ったのです。

スイッチ

47

「あなたが優先」は即レスで示す

相手に対する即レスもまた、「大好き」をあらわす行動の一つです。

私は、仕事の用件であろうと雑談であろうと、相手から連絡があればすぐにお返事をします。どれだけ立て込んだ状況でも、おおむね1分以内には返信します。**即レスは、「あなたはとても大切な存在。いつもあなたのことを考え、優先して行動している」という愛情表現になる**からです。

LINEなどの場合、時間がないからといってスタンプだけで返事をする人もいるかもしれませんが、できれば短くても言葉で返すのがおすすめ。スタンプを返してしまうと、その後の相手とのやり取りが続きにくくなってしまうからです。

そのため、短い言葉でもやり取りを続けて話題を提供し、コミュニケーションを継続させていきます。マルチタスクはもともと得意なので、他の作業に取りかかっているときでも、返事だけは短くてもさっとするようにしています。

とはいえ、どうしても即レスができないときもあります。

たとえば、打ち合わせ中にメッセージが届くこともありますよね。そんなときは「今、あなたとの案件で外注さんと打ち合わせしているので、あとでお返事します！」とひと言だけでも伝えておきます。

まったく関係のない用件で手が離せなくて即レスができない場合は「今は◯◯なので、終わったらお返事します！」といった内容でもＯＫ。それだけで「あなたのことを考えて時間を割いている」「あなたを大切に思っている」という意図がきっと伝わるはずです。

その後は、別件が一段落したタイミングで落ち着いてお返事をします。お返事までに時間がかかってしまった場合は、「トラブルに巻き込まれてしまって遅くなりました！」などと、その理由を伝えます。言い訳のようですが、「優先しているけど、こういう事情ですぐに返事ができなかった」と伝えることが誠意です。

こうした言動の一つひとつが相手への愛の表現になり、その積み重ねが着々と信頼関係を築いてくれます。

おわりに

『うまくいく思考』という強気なタイトルの本を出版した私ですが、これまでの人生にはお世辞にも「すべてうまくいっている」とは言い難い時期がありました。

むしろ「何をしてもうまくいかない」と感じていた頃のほうが、長かったともいえます。

今となってはお客さんとの雑談を盛り上げることもできますが、もともと私は人と話すのが苦手でした。

大学時代、受付のアルバイトをしていたときには、言葉がうまく出てこなくてごにょごにょと口ごもってばかり。職場の人から「言葉を知らないんだね〜」と言われて恥ずかしくなり、ますます話せなくなってしまいました。
Macbee Planet入社後もしばらくは、自信がなくてオドオドした態度をとってしまうことが、たびたびありました。クライアントとのミーティングでもそんな調子なので、同行していた上司は先方から「門屋さんに任せて、本当に大丈夫なんですか？」と問いただされたことが何度もあったそうです。

あの頃の私は、すべてがうまくいっていませんでした。

やる気がないわけでも、不真面目なわけでもない。むしろ、「うまくやりたい」という気持ちは人一倍強かったし、真剣に仕事に取り組んでいました。しかしどうしても、うまくいかなかったのです。


そんな私がなぜ「すべてうまくいく」状態に転じることができたのか。

それは、MAVELでの仕事を通して出会った大切な人たちのおかげにほかなりません。

まだまだ半人前で満足な結果を出せない私をプロとして尊重し、ともに目標を達成しようとしてくれた入戸野さん。

「門屋さんじゃなければ、意味がない」と言って、私ならではの価値に気づかせてくれたKさん。

そして、こんなにもすばらしい人たちと出会う場をつくってくれた、Macbee Planetグループの会長である松本さん。

この3人をはじめ、たくさんの人たちのおかげで私の人生は、「うまくいく」方向へと大きく舵を切りました。彼らとの出会いが私に自信を持たせ、力を与え、それまでの人生からは考えられないほどに飛躍させてくれたのです。


今では私は入社9年目、部署の年間最高売り上げは130億円。社内のMVPとして殿堂入りするまでになりました。

仕事のご縁にも恵まれ、クライアントや外注先との関係も良好。プライベートでも親しくお付き合いをしている人も少なくありません。魅力的な人たちに囲まれて過ごす日々は、とても充実しています。

こうしてみると私は、「すべてうまくいっている」というのに十分な結果を出しているといえます。

ただしこの結果は、決して軽々と出しているわけではありません。「誰にも負けない」と言えるほどの圧倒的な努力を積み重ねてこそ、摑み取れるものです。日々を全力疾走し、膨大な量の仕事に真剣に向き合っているからこそ、手に入れられるものだと思っています。

「どうして、そんなに頑張れるのですか？」と尋ねられることもあります。それは、仕事を通して出会った大好きな人たちの役に立ちたいから。大好きな人をヒーロー（ヒロイン）にしたいという強い思いがあるからです。「この人のために頑張りたい」という思いは、無限のパワーを与えてくれます。その思いさえあれば私にはスイッチが入り、フルパワーで目標に向かえるようになります。

困ったことに私は、明確な目標がなければ力を出すことができません。「絶対に達成したい」という確固たる目標があってはじめて、やる気が湧いてくるタイプです。

そう考えるとすべて「うまくいく」という今の私の状態は、「この人のために頑張りたい」と思わせてくれた大切な人たちのおかげだということができます。

そんな人たちに出会えたからこそ、持てる力のすべてを注ぎ込んで結果を追い求められるようになりました。たとえうまくいかないことがあっても、「うまくいくまでやる」という強い気持ちで前に進めるようになりました。

そうして結果的に「すべてうまくいっている」という状態に到達できたのです。

私はこれからも、大切な人たちのために「うまくいく」自分でいたいと思っています。それが、大切な人の幸せにつながり、私自身の幸せにもつながっていくと信じているからです。

最後に。この本が、あなたやあなたの周りの人たちの幸せを少しでも大きくしてくれることを願っています。ぜひ、私と一緒に「うまくいく」人生を楽しんでいきましょう。

2024年11月　門屋琴音

著者略歴

門屋琴音（かどや・ことね）

株式会社MAVEL（Macbee Planet グループ）執行役員

県立静岡高等学校を卒業後、大阪大学に入学。阪大シンデレラコレクション2012でグランプリを受賞。卒業後は三菱東京UFJ銀行（現三菱UFJ銀行）に入行。2016年に初期メンバーとしてMacbee Planet（現MAVEL）に入社。マーケティング業界未経験でありながら実績を積み重ね、入社翌年には部長に就任。主として金融業界のクライアントを担当。社内MVP としてたびたび表彰され、現在は殿堂入りを果たしている。

うまくいく思考
自分の中の「成功スイッチ」のつくりかた

2024年11月26日　第1刷発行

著　者――――門屋琴音
発行所――――ダイヤモンド社
〒150-8409　東京都渋谷区神宮前6-12-17
https://www.diamond.co.jp/
電話／03･5778･7235（編集）　03･5778･7240（販売）

編集協力――――ブランクエスト、谷和美
カバーデザイン――小口翔平＋畑中茜＋稲吉宏紀（tobufune）
カバーイラスト――髙柳浩太郎
製作進行――――ダイヤモンド・グラフィック社
DTP ――――マーリンクレイン
印刷――――新藤慶昌堂
製本――――ブックアート
編集担当――――前田早章

ISBN 978-4-478-11963-1